JN004238

書き込み式だからわか

いちばんやさしい

韓国語
文法ノート

初級編

監修：幡野 泉　著：柳 志英

Korean grammar notebook

永岡書店

contents

韓国語の特徴 4

フレーズ ① 日本人です。 6
예요/이에요 (名詞) 〜です

フレーズ ② 私は会社員です。 8
는/은 〜は

フレーズ ③ 故郷が東京です。 10
가/이 〜が

フレーズ ④ 私は韓国人じゃないです。 12
가/이 아니에요 〜じゃないです

フレーズ ⑤ この本ですか？ 14
이, 그, 저, 어느 この、その、あの、どの

フレーズ ⑥ ドアが閉まります。 16
(스)ㅂ니다 (動詞・形容詞) 〜です・ます

フレーズ ⑦ 財布はカバンにあります。 18
에 있습니다/없습니다 〜にあります・ありません

フレーズ ⑧ 推しは誰ですか？ 20
어디, 무엇, 누구 どこ、何、誰

フレーズ ⑨ トイレは1階です。 22
일, 이, 삼, … 漢数詞

フレーズ ⑩ 毎日ツイッターを見ます。 24
를/을 〜を

フレーズ ⑪ サイズが少し小さいです。 26
아/어요 (動詞・形容詞) 〜です・ます

フレーズ ⑫ 明日友達に会います。 28
아/어요 (動詞・形容詞) 〜です・ます (短くするルール)

フレーズ ⑬ 韓国の冬は本当に寒いです。 30
아/어요 (動詞・形容詞) 〜です・ます (不規則活用)

おさらい ❶ 32

フレーズ ⑭ ファンミーティングに行きたいです。 ... 34
고 싶어요 〜たいです

フレーズ ⑮ ペンライトとグッズを買います。 36
와/과, 하고 〜と

フレーズ ⑯ どこで注文しますか？ 38
에서 〜で

フレーズ ⑰ お酒は飲みません。 40
안 〜ません、ないです

フレーズ ⑱ 30歳です。 42
하나, 둘, 셋, … 固有数詞

フレーズ ⑲ 2月8日7時に行きます。 44
월, 일, 시, 분 日付、時間

フレーズ ⑳ このパックはいくらですか？ 46
얼마, 언제, 몇 いくら、いつ、何

フレーズ ㉑ また来てください。 48
(으)세요 〜てください

フレーズ ㉒ 焼酎も1本ください。 50
주세요 〜ください

フレーズ ㉓ ここで写真を撮らないでください。 ... 52
지 마세요 〜ないでください

フレーズ ㉔ 昨日のコンサートは最高でした。 54
았/었어요 〜でした (過去形)

おさらい ❷ 56

フレーズ ㉕ その駅で降りると近いです。 58
(으)면 〜と、たら、なら

フレーズ ㉖ 来年も韓国に行きます。 60
(으)ㄹ 거예요 〜ます、つもりです (未来形)

フレーズ ㉗ カカオトークで連絡してください。 ... 62
로/으로 〜で

フレーズ ㉘ 映画を見てコーヒーを飲みました。 ... 64
고 〜て、で、し

フレーズ ㉙ 早く起きなければなりません。 66
아/어야 돼요 〜なければなりません

フレーズ ㉚ おいしいのでたくさん食べました。 ... 68
아/어서 〜ので、から

フレーズ ㉛ 一人で行けます。 70
(으)ㄹ 수 있어요/없어요 〜(ら)れます・(ら)れません

フレーズ ㉜ 江南で会いましょうか？ 72
(으)ㄹ까요？ 〜ましょうか？

フレーズ ㉝ かわいいメンバーが多いです。 74
(으)ㄴ 形容詞の連体形 (〜い、な)

おさらい ❸ 76

フレーズ ㉞ 今行くところは梨泰院です。 78
는 動詞の連体形 (現在 〜している、する)

フレーズ ㉟ 昨日行ったところは景福宮です。 ... 80
(으)ㄴ 動詞の連体形 (過去 〜した)

フレーズ ㊱ 明日行くところは南大門市場です。 ... 82
(으)ㄹ 動詞の連体形 (未来 〜する)

フレーズ ㊲ 友達が韓国語を教えてくれます。 ... 84
아/어 줘요 〜てあげます・くれます

フレーズ ㊳ ステージから遠いけれど楽しみです。 ... 86
지만 〜が、けれど

フレーズ ㊴ 仁寺洞に行ってみましたか？ 88
아/어 봤어요 〜てみました

フレーズ ㊵ 雨が降っているからタクシーに乗りましょうか？ ... 90
(으)니까 〜から

フレーズ ㊶ インスタグラム、フォローしてもいいですか？ ... 92
아/어도 돼요 〜てもいいです

おさらい ❹ 94

本書の使い方

本書では、左ページで例文から文法や単語の使い方を学び、右ページで問題を解いたり、書く練習をしたりして、韓国語の文法を身に付けることができます。また、4つのおさらいページで、さらに学習内容の理解を深めることができます。

例文に使われているフレーズの文法や単語のポイントをまとめています。

別の単語などの例を見て理解を深めることができます。

学習内容に関連したプラスアルファの内容やおさらい、重要なポイントなどを解説しています。

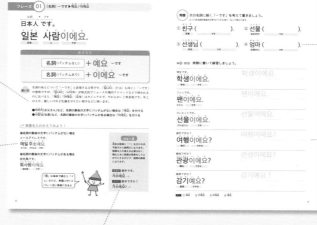

学習内容を定着させるための問題です。ヒントや左ページを参考にチャレンジしてみましょう。

まずなぞって書く練習をしましょう。次に罫の上に書く練習をします。※ハングル ㅈ は、実際に書くときは ㅈ のように書くのが一般的です。

＊本書の韓国語には、カタカナで読み方のルビをふっていますが、韓国語の音をピッタリのカタカナに置き換えるには限界があるため、あくまでも目安としてください。

＊韓国語は読むスピード、前後の文字、読む途中どこで休むかなどによって、発音が変化します。カタカナルビは、その発音変化を反映させているので、ハングルとカタカナルビが合わないと感じられるところもあるでしょう。

＊例文には、日本語の意訳（韓国語文の上）と日本語の直訳（韓国語文の下）を提示しました。直訳はやや不自然なところもありますが、それぞれの単語の意味を確認するのに役立ててください。

ハングルの基本

韓国語を表記する文字のことを「ハングル」と呼びます。ハングルはローマ字のように子音と母音の組み合わせで文字が成り立っています。組み合わせのタイプには「子音+母音」と「子音+母音+子音」があります。

● 子音+母音の組み合わせ
〈左右タイプの例〉

〈上下タイプの例〉

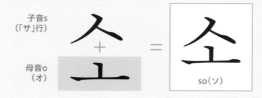

● 子音+母音+子音（パッチム）の組み合わせ
〈左右+子音タイプの例〉

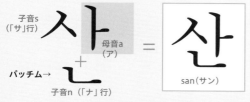

〈上下+子音タイプの例〉

左右、もしくは上下に組み合わせた子音と母音の下に、さらに子音が付く場合があります。この最後に付く子音のことを「パッチム」と呼びます。本書ではカタカナで読みを付けていますが、パッチムの読みには母音が付かないので k,m,r,p などで表記しています。

3

● 語順は日本語と同じ

語順は日本語とほぼ同じです。また、「私は」の「～は」や「韓国語を」の「～を」といった助詞があることも共通しています。日本語のイメージで文を作り、韓国語の単語に置き換えていけば韓国語の文になります（例外もあります）。

文章を書くときは、「分かち書き」と言って、区切って書く特徴があります。ただし、助詞などは前の単語に付いて区切らずに書くので注意しましょう。

例

ハング゜ゴ　ゴンプルr　ハmニダ
한국어 공부를 합니다.
韓国語の　勉強　を　します

＼文が長くなっても語順は同じ！／

シkタン　ヨペ　コ ピ ショpト　イッスmニダ
식당 옆에 커피숍도 있습니다.
食堂の　隣　に　コーヒーショップ　も　あります

● 用言の活用がある

日本語で「食べます」「食べたい」などのように用言（動詞、形容詞など活用し、述語になる品詞）を変えて使うように、韓国語も用言の活用があります。動詞と形容詞の原形はすべて「語幹+ 다」の形です。

原形	モkタ **먹다** (食べる)	イェップ ダ **예쁘다** (かわいい)
語幹	モk **먹**	イェップ **예쁘**

語幹+「다」の「다」を取り、さまざまな活用語尾を付けることで、「食べます」「食べたい」といったように表現の幅を広げていきます。

例　カ ダ **가다** (行く)

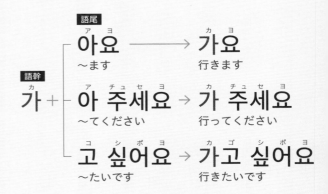

語幹　カ **가** + 語尾

ア ヨ **아요** 〜ます ——→ カ ヨ **가요** 行きます

ア チュセ ヨ **아 주세요** 〜てください → カ チュセ ヨ **가 주세요** 行ってください

コ シ ボ ヨ **고 싶어요** 〜たいです → カ ゴ シ ボ ヨ **가고 싶어요** 行きたいです

● 語尾の使い分けが大切

日本語との共通点に、敬語表現があることもあげられます。丁寧レベルに応じて語尾を変える必要があります。大きく分けると、かしこまった丁寧な言い方の「니다体」、やわらかい丁寧な言い方の「요体」、友達や目下の人などに使うカジュアルな言い方の「パンマル」があります。

例　チョ ア ハ ダ **좋아하다** (好きだ)

かなり丁寧
니다体

チョ ア ハmニダ
좋아합니다.
好きです。

丁寧
요体

チョ ア ヘ ヨ
좋아해요.
好きです。

カジュアル
パンマル

チョ ア ヘ
좋아해.
好きだよ。

ハングル一覧表

ハングルの子音は19個、母音は10個あります。縦軸に基本子音10字、激音4字、濃音5字、横軸に母音10字をまとめた一覧表です。

子音＼母音	ㅏ a	ㅑ ya	ㅓ o	ㅕ yo	ㅗ o	ㅛ yo	ㅜ u	ㅠ yu	ㅡ u	ㅣ i
ㄱ k/g	가 ka カ	갸 kya キャ	거 ko コ	겨 kyo キョ	고 ko コ	교 kyo キョ	구 ku ク	규 kyu キュ	그 ku ク	기 ki キ
ㄴ n	나 na ナ	냐 nya ニャ	너 no ノ	녀 nyo ニョ	노 no ノ	뇨 nyo ニョ	누 nu ヌ	뉴 nyu ニュ	느 nu ヌ	니 ni ニ
ㄷ t/d	다 ta タ	댜 tya テャ	더 to ト	뎌 tyo トョ	도 to ト	됴 tyo トョ	두 tu トゥ	듀 tyu トュ	드 tu トゥ	디 ti ティ
ㄹ r/l	라 ra ラ	랴 ryo リャ	러 ro ロ	려 ryo リョ	로 ro ロ	료 ryo リョ	루 ru ル	류 ryu リュ	르 ru ル	리 ri リ
ㅁ m	마 ma マ	먀 mya ミャ	머 mo モ	며 myo ミョ	모 mo モ	묘 myo ミョ	무 mu ム	뮤 myu ミュ	므 mu ム	미 mi ミ
ㅂ p/b	바 pa パ	뱌 pya ピャ	버 po ポ	벼 pyo ピョ	보 po ポ	뵤 pyo ピョ	부 pu プ	뷰 pyu ピュ	브 pu プ	비 pi ピ
ㅅ s	사 sa サ	샤 sya シャ	서 so ソ	셔 syo ショ	소 so ソ	쇼 syo ショ	수 su ス	슈 syu シュ	스 su ス	시 si シ
ㅇ 無音 ng	아 a ア	야 ya ヤ	어 o オ	여 yo ヨ	오 o オ	요 yo ヨ	우 u ウ	유 yu ユ	으 u ウ	이 i イ
ㅈ ch/j	자 cha チャ	쟈 chya チャ	저 cho チョ	져 chyo チョ	조 cho チョ	죠 chyo チョ	주 chu チュ	쥬 chyu チュ	즈 chu チュ	지 chi チ
ㅎ h	하 ha ハ	햐 hya ヒャ	허 ho ホ	혀 hyo ヒョ	호 ho ホ	효 hyo ヒョ	후 hu フ	휴 hyu ヒュ	흐 hu フ	히 hi ヒ
ㅊ ch	차 cha チャ	챠 chya チャ	처 cho チョ	쳐 chyo チョ	초 cho チョ	쵸 chyo チョ	추 chu チュ	츄 chyu チュ	츠 chu チュ	치 chi チ
ㅋ k	카 ka カ	캬 kya キャ	커 ko コ	켜 kyo キョ	코 ko コ	쿄 kyo キョ	쿠 ku ク	큐 kyu キュ	크 ku ク	키 ki キ
ㅌ t	타 ta タ	탸 tya テャ	터 to ト	텨 tyo トョ	토 to ト	툐 tyo トョ	투 tu トゥ	튜 tyu トュ	트 tu トゥ	티 ti ティ
ㅍ p	파 pa パ	퍄 pya ピャ	퍼 po ポ	펴 pyo ピョ	포 po ポ	표 pyo ピョ	푸 pu プ	퓨 pyu ピュ	프 pu プ	피 pi ピ
ㄲ kk	까 kka ッカ	꺄 kkya ッキャ	꺼 kko ッコ	껴 kkyo ッキョ	꼬 kko ッコ	꾜 kkyo ッキョ	꾸 kku ック	뀨 kkyu ッキュ	끄 kku ック	끼 kki ッキ
ㄸ tt	따 tta ッタ	땨 ttya ッテャ	떠 tto ット	뗘 ttyo ットョ	또 tto ット	뚀 ttyo ットョ	뚜 ttu ットゥ	뜌 ttyu ットュ	뜨 ttu ットゥ	띠 tti ッティ
ㅃ pp	빠 ppa ッパ	뺘 ppya ッピャ	뻐 ppo ッポ	뼈 ppyo ッピョ	뽀 ppo ッポ	뾰 ppyo ッピョ	뿌 ppu ップ	쀼 ppyu ッピュ	쁘 ppu ップ	삐 ppi ッピ
ㅆ ss	싸 ssa ッサ	쌰 ssya ッシャ	써 sso ッソ	쎠 ssyo ッショ	쏘 sso ッソ	쑈 ssyo ッショ	쑤 ssu ッス	쓔 ssyu ッシュ	쓰 ssu ッス	씨 ssi ッシ
ㅉ jj	짜 jja ッチャ	쨔 jjya ッチャ	쩌 jjo ッチョ	쪄 jjyo ッチョ	쪼 jjo ッチョ	쬬 jjyo ッチョ	쭈 jju ッチュ	쮸 jjyu ッチュ	쯔 jju ッチュ	찌 jji ッチ

基本子音 ／ 激音 ／ 濃音

5

名詞 ＋ です

日本人 です。

일본 사람이에요.
日本　人　　です

基本文型

| 名詞（パッチムなし） | ＋ 예요 〜です |
| 名詞（パッチムあり） | ＋ 이에요 〜です |

使い方

名詞のあとについて「〜です」と表現する文型です。「입니다」（P.16）も同じく「〜です」の意味ですが、「입니다」（니다体）が格式的でニュースや機内アナウンスなどで使われるのに比べると、「예요」「이에요」（요体）はカジュアルで、やわらかい丁寧表現です。年上の人や、親しいけれど礼儀を守りたい相手などに使います。

●아버지（お父さん）など、名詞の最後の文字にパッチムがない場合は「예요」を付ける
●사장님（社長）など、名詞の最後の文字にパッチムがある場合は「이에요」を付ける

→ 単語を入れかえてみよう！

●名詞の最後の文字にパッチムがない場合

メールアドレスです。

메일 주소예요.
メール　アドレス　です

●名詞の最後の文字にパッチムがある場合

会社員です。

회사원이에요.
会社員　　　です

> 「예」は単体で読むと「イェ」だけど、単語に付くと「エ」に近い発音になるよ

文法＋α

요体は語尾に「？」を付ければ、平叙文から疑問文になります。語順を入れ替える必要はなく、読むときに語尾の発音をしり上がりにするだけで、疑問の表現になります。

平叙文 歌手です。
가수예요.→

疑問文 歌手ですか？
가수예요?↗

問題 次の名詞に続く「～です」を考えて書きましょう。

ヒント▶名詞の最後の文字のパッチムあり・なしで変わります。

① 친구 (　　　　　　　　　).
チ ン グ
友達　　　　　　です

② 선물 (　　　　　　　　　　).
ソ ン ム r
おみやげ　　　　　です

③ 선생님 (　　　　　　　　　　).
ソ ン セ ン ニ m
先生　　　　　　です

④ 엄마 (　　　　　　　　　　).
オ m マ
お母さん　　　　　です

練習 実際に書いて練習しましょう。

学生です。
ハ k セ ン イ エ ヨ
학생이에요.
学生　　　　です

학생이에요.

ファンです。
ペ ニ エ ヨ
팬이에요.
ファン　　　です

팬이에요.

プレゼントです。
ソ ン ム リ エ ヨ
선물이에요.
プレゼント　　　です

선물이에요.

旅行ですか？
ヨ ヘ ン イ エ ヨ
여행이에요？
旅行　　　ですか

여행이에요？

観光ですか？
クァン グァン イ エ ヨ
관광이에요？
観光　　　ですか

관광이에요？

風邪ですか？
カ m ギ エ ヨ
감기예요？
風邪　　　ですか

감기예요？

答え ① エ ヨ 예요　② イ エ ヨ 이에요　③ イ エ ヨ 이에요　④ エ ヨ 예요

名詞 + は

私 は 会社員です。

저는 회사원이에요.
チョヌン　　　　フェサウォニエヨ

私　　は　　　　会社員　　　　　です

基本文型

名詞(パッチムなし)	+ 는 〜は ヌン
名詞(パッチムあり)	+ 은 〜は ウン

使い方 日本語の「は」と同じように使う助詞「는/은」を学びます。上の例文のように自分について話したり、「휴대폰은 携帯電話は〜」のように主語の説明をしたりするときに使います。名詞の最後の文字にパッチムがあるかないかで「는」と「은」を使い分けます。

●가수(歌手)など、最後の文字にパッチムがない場合は「는」を付ける
●회사원(会社員)など、最後の文字にパッチムがある場合は「은」を付ける

→ 単語を入れかえてみよう！

●名詞の最後の文字にパッチムがない場合

お兄さんは美容師です。

오빠는 미용사예요.
オッパヌン　ミヨンサエヨ

お兄さん　は　　美容師　　です

●名詞の最後の文字にパッチムがある場合

社長は天才です。

사장님은 천재예요.
サジャンニムン　チョンジェエヨ

社長　は　天才　です

文法 + α プラスアルファ

「私」には「저」と「나」の2つがあります。「저」は「わたくし」ほどかたくはありませんが、目上の人に丁寧に話すときにふさわしい表現です。「나」は友人や目下の人に対して使うことが多いです。ただ、仲のいい相手なら目上の人にでも「나」を使ってOKです。初めて会った人、お年寄りに対してや、発表の場などでは迷わずに「저」を使いましょう。

問題 次の名詞に続く「〜は」を考えて書きましょう。

ヒント▶名詞の最後の文字のパッチムのあり・なしで変わります。

① 나 (　　　　　　　　　)
　ナ
　私　　　　　は

② 직업 (　　　　　　　　　)
　チ ゴ p
　職業　　　　　は

③ 주소 (　　　　　　　　　)
　チュ ソ
　住所　　　　　は

④ 공연 (　　　　　　　　　)
　コ ン ヨ ン
　公演　　　　　は

※ハングルㅈは、実際に書くときはスのように書くのが一般的です。

練習 実際に書いて練習しましょう。

私は学生です。

저는 학생이에요.
チョ ヌン ハk センイ エ ヨ
　私　は　　学生　　　　です

저는 학생이에요.

お母さんは主婦です。

어머니는 주부예요.
オ モ ニ ヌン チュ ブ エ ヨ
　お母さん　　は　　主婦　　です

어머니는 주부예요.

先生は韓国人です。

선생님은 한국 사람이에요.
ソン センニ ムン ハ ング k サ ラ ミ エ ヨ
　先生　　は　　韓国　　人　　　です

선생님은 한국 사람이에요.

メンバーはみんな男性ですか？

멤버는 모두 남자예요?
メ m バ ヌン モ ドゥ ナ mジャ エ ヨ
メンバー　は　みんな　男性　ですか

멤버는 모두 남자예요?

答え ① 는 ② 은 ③ 는 ④ 은
　　　　　ヌン　　ウン　　ヌン　　ウン

名詞 ＋ が

故郷 が 東京です。

고향이 도쿄예요.
コ ヒャン イ ト キョ エ ヨ

故郷　　　が　　　東京　　　です

基本文型

名詞（パッチムなし）	＋ 가	～が
名詞（パッチムあり）	＋ 이	～が

使い方　日本語の「～が」と同じように使う助詞「가／이」を学びます。「～が」として使うほか、「～は何？」「～はどこ？」と質問をするときにも主語に付きます。名詞の最後の文字にパッチムがあるかないかで「가」と「이」を使い分けます。

●그녀（彼女）など、最後の文字にパッチムがない場合は「가」を付ける
●남편（夫）など、最後の文字にパッチムがある場合は「이」を付ける

ただし、「私」の意味の「나／저」（P.8）は「내가／제가 私が」と形を変えるので注意しましょう（「×나가／저가 私が」とはなりません）。

→ 単語を入れかえてみよう！

●名詞の最後の文字にパッチムがない場合

友達が学生です。

친구가 학생이에요.
チン グ ガ ハ k セン イ エ ヨ

友達　　が　　学生　　　です

●名詞の最後の文字にパッチムがある場合

社長が外国人です。

사장님이 외국 사람이에요.
サ ジャン ニ ミ ウェ グ k サ ラ ミ エ ヨ

社長　　　が　　外国　　人　　　です

重要 「나／저 私」は「가」が付くと形が変わる！

私が鈴木です。

내가 / 제가 스즈키예요.
ネ ガ チェ ガ ス ジュ キ エ ヨ

私が　　　　　鈴木　　　です

文法＋α プラスアルファ

「～は何？」のような質問をするとき、日本語では助詞は「は」を使いますが、韓国語では「가／이 ～が」を使います。たとえば、名前を聞く場合、「가／이 ～が」を使って「名前は何ですか？」となります。

●**이름이 뭐예요?**
イ ル ミ ム オ エ ヨ

名前は何ですか？

●**화장실이 어디예요?**
ファジャン シ リ オ ディ エ ヨ

トイレはどこですか？

問題 次の名詞に続く「〜が」を考えて書きましょう。

ヒント▶名詞の最後の文字のパッチムのあり・なしで変わります。

① 과일 (   )
クァイr
果物　　　　　が

② 책 (   )
チェk
本　　　　　が

③ 선배 (   )
ソン ベ
先輩　　　　が

④ 컴퓨터 (   )
コ m ピュ ト
パソコン　　　　が

練習 実際に書いて練習しましょう。

私が息子です。

내가 아들이에요.
ネ ガ　ア ドゥリ エ ヨ
私　が　息子　　です

내가 아들이에요.

娘が先です。

딸이 먼저예요.
ッタ リ　モンジョ エ ヨ
娘　が　先　　です

딸이 먼저예요.

お父さんが先生です。

아버지가 선생님이에요.
ア ボ ジ ガ　ソンセン ニ ミ エ ヨ
お父さん　が　先生　　です

아버지가 선생님이에요.

電話番号は何番ですか？

전화번호가 몇 번이에요?
チョヌァ ボ ノ ガ　ミョッ　ポ ニ エ ヨ
電話番号　が　何　番　ですか

전화번호가 몇 번이에요?

答え ①이　②이　③가　④가
イ　　イ　　ガ　　ガ

11

名詞 ＋ じゃないです

私は 韓国人 じゃないです。

저는 한국 사람이 아니에요.

チョヌン ハングk サラミ アニエヨ

私 は 韓国 人 じゃないです

基本文型

名詞(パッチムなし)	＋ 가 아니에요 ～じゃないです
名詞(パッチムあり)	＋ 이 아니에요 ～じゃないです

使い方　P.10で日本語の「〜が」と同じように使える「가/이」を学びました。ここでは別の使い方を学びます。「〜じゃないです」と名詞を否定するときの表現です。日本語につられて「가/이」を省略すると不自然になるので注意しましょう。否定する名詞に付くものとして「가/이 아니에요」をセットで覚えてください。

●커피(コーヒー)など、最後の文字にパッチムがない場合は「가 아니에요」を付ける
●물(水)など、最後の文字にパッチムがある場合は「이 아니에요」を付ける

→ 単語を入れかえてみよう！

●名詞の最後の文字にパッチムがない場合

彼女じゃないです。

여자친구가 아니에요.

ヨジャチング ガ アニエヨ

彼女　　　　じゃないです

●名詞の最後の文字にパッチムがある場合

うそじゃないです。

거짓말이 아니에요.

コジンマリ アニエヨ

うそ　　　じゃないです

文法＋α

「가/이 아니에요」を疑問文にするときは、助詞の扱いに注意しましょう。平叙文とは異なり「가/이」を取って名詞に「아니에요?」だけを付けることが多いです。たとえば、「日本人(일본 사람)じゃないですか？」は「일본 사람이 아니에요?」より「일본 사람 아니에요?」のほうがよく使われます。

次の名詞に続く「〜じゃないです」を考えて書きましょう。

ヒント▶名詞の最後の文字のパッチムのあり・なしで変わります。

① 의사 (_{ウィ サ} _{医者}   じゃないです).

② 막걸리 (_{マ k コ r リ} _{マッコリ}   じゃないです).

③ 군인 (_{ク ニン} _{軍人}   じゃないです).

④ 모델 (_{モ デ r} _{モデル}   じゃないです).

●◆ 練習 実際に書いて練習しましょう。

ホテルじゃないです。
호텔이 아니에요.
_{ホテル}   じゃないです

호텔이 아니에요.

今日じゃないです。
오늘이 아니에요.
_{今日}   じゃないです

오늘이 아니에요.

ファンミーティングじゃないです。
팬미팅이 아니에요.
_{ファンミーティング}   じゃないです

팬미팅이 아니에요.

急行列車じゃないです。
급행열차가 아니에요.
_{急行列車}   じゃないです

급행열차가 아니에요.

焼肉屋じゃないですか？
고깃집 아니에요?
_{焼肉屋}   じゃないですか

고깃집 아니에요?

答え ① 가 아니에요 ② 가 아니에요 ③ 이 아니에요 ④ 이 아니에요

この ＋名詞

이 책이에요?
(イ / チェ ギ エ ヨ)

この　本　ですか

基本文型

이, 그, 저, 어느 ＋ 名詞
(イ / ク / チョ / オヌ)
この　その　あの　どの

使い方

人やものを指して話すときに使う指示代名詞です。日本語と同様、名詞があとに続いて、「この」「その」「あの」「どの」となります。「이, 그, 저, 어느」にもの、ことを意味する「것」を組み合わせると「이것 これ、그것 それ、저것 あれ、어느 것 どれ」となります。また、「여기 ここ、거기 そこ、저기 あそこ、어디 どこ」として位置を指すこともできます。

이 この	그 その	저 あの	어느 どの
이것 これ	그것 それ	저것 あれ	어느 것 どれ
여기 ここ	거기 そこ	저기 あそこ	어디 どこ

→ **単語を入れかえてみよう！**

● 「この」「その」「あの」「どの」の場合

この人が姉です。

이 사람이 누나예요.
(イ / サ ラ ミ / ヌ ナ エ ヨ)

この　人　が　姉　です

● 「これ」「それ」「あれ」「どれ」の場合

人気商品はそれですか？

인기 상품은 그것이에요?
(インキ / サンプムン / ク ゴ シ エ ヨ)

人気　商品　は　それ　ですか

● 「ここ」「そこ」「あそこ」「どこ」の場合

あそこがうちの会社です。

저기가 우리 회사예요.
(チョ ギ ガ / ウ リ / フェ サ エ ヨ)

あそこ　が　うちの　会社　です

どこが入り口ですか？

어디가 입구예요?
(オ ディ ガ / イ プ ク エ ヨ)

どこ　が　入り口　ですか

問題 (　　)に当てはまる言葉を考えて書きましょう。

① (　　　　　　　) 티켓이에요.
　　　　　　この　　　　　チケット　です

② (　　　　　　) 은 우산이에요.
　　　　　それ　　　は　傘　です

③ (　　　　　　　) 자판기예요?
　　　　　どの　　　　　自販機　ですか

④ (　　　　　) 는 커피숍이에요.
　　　　あそこ　　　は　コーヒーショップ　です

➤ **練習** 実際に書いて練習しましょう。

これがパスポートです。
이것이 여권이에요.
　これ　が　パスポート　です

이것이 여권이에요.

そこは男子トイレです。
거기는 남자 화장실이에요.
　そこ　は　男子　トイレ　です

거기는 남자 화장실이에요.

どこがレジですか？
어디가 계산대예요?
　どこ　が　レジ　ですか

어디가 계산대예요?

あそこが放送局です。
저기가 방송국이에요.
　あそこ　が　放送局　です

저기가 방송국이에요.

答え ①이　②그것　③어느　④저기

15

動詞 + ます

ドアが 閉まり ます。

문이 닫힙니다.

ドア　　　が　　　　　　　閉まります

基本文型

動詞・形容詞(다の前にパッチムなし)	＋ ㅂ니다 〜です・ます
動詞・形容詞(다の前にパッチムあり)	＋ 습니다 〜です・ます

使い方　動詞文、形容詞文を丁寧にしたいときの表現です。少しかたいニュアンスですが、覚えておきたい表現です。家族や親しい友達同士で使うことはないですが、テレビのニュース、飛行機のアナウンス、ホテルの案内など、耳にすることがたくさんあります。

韓国語の動詞、形容詞の原形はすべて「다」で終わります。その「다」を取って、この語尾を付けます。動詞、形容詞の「다」の前の文字にパッチムがあるかないか、また、パッチムの種類によって使い分けます。

●닫히다(閉まる)など、「다」の前の文字にパッチムがない場合は「ㅂ니다」を付ける
●닫다(閉める)など、「다」の前の文字にパッチムがある場合は「습니다」を付ける
●놀다(遊ぶ)など、「다」の前の文字のパッチムが「ㄹ」の場合は「ㄹ」を取り「ㅂ니다」を付ける

動詞、形容詞を活用させるときは、常に「다」を取ると覚えておきましょう。

→ 単語を入れかえてみよう！

● 「다」の前の文字にパッチムがない場合
만나다 ➡ 만나 + ㅂ니다 ➡ 만납니다
会う　　　　　　　　　　　　　　　会います

● 「다」の前の文字にパッチムがある場合
먹다 ➡ 먹 + 습니다 ➡ 먹습니다
食べる　　　　　　　　　　　　　食べます

● 「다」の前の文字のパッチムが「ㄹ」の場合
길다 ➡ 기 + ㅂ니다 ➡ 깁니다
長い　　　　　　　　　　　　　　長いです

文法＋α

「名詞＋です」の「예요/이에요」(P.6)も、「예요/이에요」を「입니다」に変えることでかしこまった表現になります。「입니다」はパッチムなど関係なくすべての名詞に用いられます。質問のときは「입니까?」にします。
●휴가 休暇 ＋ 입니다 です → 휴가입니다 休暇です
●시험 試験 ＋ 입니까? ですか? → 시험입니까? 試験ですか?

問題 次の動詞、形容詞に「(스)ㅂ니다」を付けて書きましょう。

ヒント▶「다」の前の文字のパッチムのあり・なしで変わります。例外に注意！

① 싸다 ➡ (　　　　　　　　　)　　② 배우다 ➡ (　　　　　　　　　　　)
　　安い　　　　安いです　　　　　　　　習う　　　　習います

③ 살다 ➡ (　　　　　　　　　)　　④ 춥다 ➡ (　　　　　　　　　　　)
　　住む　　　　住みます　　　　　　　　寒い　　　　寒いです

🔑 **練習** 実際に書いて練習しましょう。

私は大丈夫です。 괜찮다(大丈夫だ)
저는 괜찮습니다.
　私　は　　　大丈夫です

저는 괜찮습니다.

背が低いです。 작다(小さい)
키가 작습니다.
　背　が　　　小さいです

키가 작습니다.

今日は暑いです。 덥다(暑い)
오늘은 덥습니다.
　今日　は　　　暑いです

오늘은 덥습니다.

韓国に行きます。 가다(行く)
한국에 갑니다.
　韓国　に　　　行きます

한국에 갑니다.

ありがとうございます。 감사하다(感謝する)
감사합니다.
　　　感謝します

감사합니다.

毎日勉強します。 공부하다(勉強する)
매일 공부합니다.
　毎日　　　勉強します

매일 공부합니다.

答え ① 쌉니다　② 배웁니다　③ 삽니다　④ 춥습니다

名詞　＋　にあります

財布は カバン にあります。

지갑은 가방에 있습니다.

財布　　　は　　　カバン　　　に　　　　　　あります

基本文型

名詞（場所）　＋

에 있습니다　〜にあります

에 없습니다　〜にありません

使い方　ある場所に何かが「ある・ない」を表す表現です。日本語で「（場所）にあります」という場合、場所の次にくる助詞は「〜に」ですが、それに当たる韓国語の助詞が「에」です。この「에」と「있습니다/없습니다」の間に主語などが入ることもあります（例：가게에 점원이 없습니다　お店に店員がいません）。

このように語順が入れ替わって「（場所）に（〜が）あります・ありません」となる場合も、場所の名詞に付く助詞は「에」にするのがポイントです。また、韓国語では「ある・いる」はどちらも「있습니다」、「ない・いない」はどちらも「없습니다」です。

→ 単語を入れかえてみよう！

● 「에」の前には場所を表す単語を入れる

そのお店が明洞にあります。

그 가게가 명동에 있습니다.

その　お店　が　明洞　に　　　あります

明洞にそのお店はありません。

명동에 그 가게는 없습니다.

明洞　に　その　お店　は　　　ありません

文法＋α

疑問文は「있습니다/없습니다」の最後の「다」を「까?」に変えて作ります。

平叙文　家に夫がいます。

집에 남편이 있습니다.

疑問文　家にご主人がいますか？

집에 남편이 있습니까?

P.16で学んだ ㅂ니다/습니다も同様です。

한국어를 배웁니다 韓国語を習います
　→한국어를 배웁니까? 韓国語を習いますか？

問題 日本語訳に合わせて書きましょう。

① 家にパソコンがあります。

➡ 집(　　　) 컴퓨터가 (　　　　　　　　　　　　　).
　　家　　　に　　パソコン　が　　　　　　　　　　　 あります

② 薬局が近くにありません。

➡ 약국이 근처 (　　　　　　　　　　　　).
　　薬局　　が　　近く　　に　　　　　ありません

練習 実際に書いて練習しましょう。

カバンに財布はありますか？

가방에 지갑이 있습니까?
　カバン　に　　財布　が　　　ありますか

가방에 지갑이 있습니까 ?

家に誰もいません。

집에 아무도 없습니다.
　家　に　　　誰も　　　いません

집에 아무도 없습니다.

空港にグッズショップはありません。

공항에 굿즈샵은 없습니다.
　空港　　に　　グッズショップ　は　　　ありません

공항에 굿즈샵은 없습니다.

答え ① 에 / 있습니다　② 에 없습니다

19

推しは 誰 ですか？

최애는 누구예요?

_{チュェ エ ヌン　ヌ グ エ ヨ}

推し　　は　　　　誰　　ですか

基本文型

어디, 무엇, 누구 どこ、何、誰

_{オ ディ　ム オッ　ヌ グ}

使い方　場所やもの、人についてたずねるときに使う疑問詞です。疑問詞の最後の文字のパッチムの有無に関係なく「입니까?」(P.18文法＋α)を付けるか、最後の文字にパッチムがないときは「예요?」、パッチムがあるときは「이에요?」(P.6)を付けることで「どこ、何、誰ですか？」と表現できます。また、「どこが、何が、誰が〜ですか？」とたずねたいときは次のようになります。

- 「어디 どこ」→「어디가 どこが」
- 「무엇 何」→「무엇이 何が」
- 「무엇 何」の縮約形「뭐 何」に「가 〜が」を付けて「뭐가 何が」となることもある
- 「누구 誰」→「누가 誰が」
- 「구」は取る。「×누구가 誰が」とはならないので気を付ける

「어디 どこ」は、「에 〜に」が付いて「어디에 どこに」の形でもよく使われます。

→ **単語を入れかえてみよう！**

● 「어디 どこ」＋助詞「가/이 〜が」の場合

どこがトイレですか？

어디가 화장실이에요 ?

_{オ ディ ガ　ファジャン シ リ エ ヨ}

どこ　が　　トイレ　　です　か

● 「어디 どこ」＋助詞「에 〜に」の場合

どこに行きますか？

어디에 갑니까 ?

_{オ ディ エ　カm ニ ッカ}

どこ　に　　行きます　か

● 「무엇 何」＋助詞「가/이 〜が」の場合

何が人気ですか？

무엇이 인기입니까?

_{ム オ シ　イン キ イm ニ ッカ}

何　　が　　人気　　です　か

● 「누구 誰」＋助詞「가/이 〜が」の場合

誰がボーカルですか？

누가 보컬이에요 ?

_{ヌ ガ　ボ コ リ エ ヨ}

誰が　　ボーカル　　です　か

問題 あてはまる疑問詞を書きましょう。

① 역은 (　　　　)예요?
ヨ グン　　　　　エ ヨ
駅 は　　どこ　　ですか

② 그것은 (　　　　)예요?
ク ゴ スン　　　　エ ヨ
それ は　　何　　ですか

③ (　　　　)이 맛있습니까?
イ マ シッスmニッカ
何　　が　おいしいですか

④ (　　　　) 친구예요?
チン グ エ ヨ
誰が　　　友達ですか

■◆ **練習**　実際に書いて練習しましょう。

どこがスタンディング席ですか？

어디가 스탠딩석이에요?
オ ディ ガ　ス テンディン ソ ギ エ ヨ
どこ　が　　スタンディング席　ですか

어디가 스탠딩석이에요?

誰が末っ子ですか？

누가 막내예요?
ヌ ガ　マン ネ エ ヨ
誰が　末っ子　ですか

누가 막내예요?

最新型は何ですか？

최신형은 뭐예요?
チュェ シ ニョ ウン ムォ エ ヨ
最新型　は　何　ですか

최신형은 뭐예요?

カバンに何がありますか？

가방에 뭐가 있습니까?
カ バン エ ムォ ガ イッスmニッカ
カバン　に　何　が　ありますか

가방에 뭐가 있습니까?

答え ① 어디　② 뭐　③ 무엇　④ 누가
　　　　　オ ディ　ムォ　ム オッ　ヌ ガ

漢数詞

トイレは 1 階です。

화장실은 일 층이에요.

<small>ファジャンシル ルン イr チュン イ エ ヨ</small>

トイレ　は　1　階　です

基本文型

0	1	2	3	4	5	6	7	8	9
ヨン コン	イr	イ	サm	サ	オ	ユk	チr	パr	ク
영/공	일	이	삼	사	오	육	칠	팔	구

10	11	12	20	30	100	1000	10000	100000
シp	シビr	シビ	イシp	サmシp	ペk	チョン	マン	シmマン
십	십일	십이	이십	삼십	백	천	만	십만

使い方　韓国の数字は、漢数詞と固有数詞（P.42）の2種類あります。ここでは漢数詞を学びます。漢数詞は、電話番号や日付（P.44）や番号（번 番）、階層（층 階）、金額（원 ウォン）、長さ（미터 メートル）、重さ（킬로그램 キロ）などさまざまな助数詞と一緒に使います。0は「영/공」と読み方が2種類あり、「영」が一般的で、「공」は主に電話番号を読むときに使います。11以上の数字は1〜10の数字を「10 십＋1 일→11 십일」、「2 이＋10 십→20 이십」のように組み合わせて使います。100以上の数字も「백 100」「천 1000」「만 10000」に、1〜10を組み合わせます。10000の場合、日本語では「1万」と前に「1」を付けますが、韓国語ではただ「만 10000」となり、「2万」は「이만 20000」となります。「11万」は「십일만 110000」となります。

→ **単語を入れかえてみよう！**

携帯電話の番号は010-XXXX-1820です。

휴대폰 번호는 공일공 -XXXX- 일팔이공이에요.

<small>ヒュ デ ボン　ボ ノ ヌン　コンイrゴン　　　　　イr パ リ ゴン イ エ ヨ</small>

携帯電話　番号　は　010　××××　1820　です

574番バスに乗ります。

오백칠십사 번 버스를 탑니다.

<small>オ ベk チr シp サ　バン　ボ ス ル r　タ m ニ ダ</small>

500　70　4　番　バス　を　乗ります

全部で26000ウォンです。

모두 이만 육천 원입니다.

<small>モ ドゥ　イ マン　ニュkチョ　ヌォ ニm ニ ダ</small>

全部で　20000　6000　ウォン　です

文法＋α

数字に関する質問をするときは「몇 何」（P.46）を用います。「몇 번이에요? 何番ですか？」「몇 층이에요? 何階ですか？」のように助数詞の前に「몇 何」を付けます。例外としてお金に関する質問の場合は「몇」ではなく「얼마 いくら」（P.46）を使い、「얼마예요? いくらですか？」となります。

問題 次の数字を漢数詞で書きましょう。

① 9 （　　　　　　　　） ② 17 （　　　　　　　　　　）

③ 96 （　　　　　　　　） ④ 304 （　　　　　　　　　　）

⑤ 531 （　　　　　　　　） ⑥ 12000 （　　　　　　　　　）

● 練習 実際に書いて練習しましょう。

チケットは12万ウォンです。

ティ　ケ　スン　　　シ　ビ　マ　　　　ヌ　ォ　ニ　　エ　ヨ
티켓은 십이만 원이에요.
チケット　は　　　12　　万　　ウォン　　　です

티켓은 십이만 원이에요.

身長は183センチです。

キ　ヌン　　ベ k パ r シ p サ m　　　センティ　エ　ヨ
키는 백팔십삼 센티예요.
身長　は　100　80　3　　センチ　　です

키는 백팔십삼 센티예요.

韓国は220ボルトを使います。

ハン　グ　グン　　　イ　ベ　ギ　シ p　　ポ　r トゥル r　　　サ ヨン ハ m ニ ダ
한국은 이백이십 볼트를 사용합니다.
韓国　は　　200　　20　　ボルト　を　　　　使います

한국은 이백이십 볼트를 사용합니다.

答え ① ク 구　② シ p チ r 십칠　③ ク シ m ニ u k 구십육　④ サ m ベ k サ 삼백사　⑤ オ ベ k サ m シ ビ r 오백삼십일　⑥ マ ニ チョン 만 이천

23

名詞 ＋ を

毎日 ツイッター を 見ます。

매일 트위터를 봅니다.

メイr トゥウィトルr ポムニダ

| 毎日 | ツイッター | を | 見ます |

基本文型

| 名詞(パッチムなし) | ＋ | 를 | 〜を |
| 名詞(パッチムあり) | ＋ | 을 | 〜を |

使い方

名詞のあとについて目的を表す助詞です。「밥을 먹습니다 ご飯を食べます」「티브이를 봅니다 テレビを見ます」などの「〜を」です。日本語では「〜が好きです/嫌いです」などと好き嫌いを示す文では助詞は「〜が」を使いますが、韓国語では「술을 좋아합니다 お酒が好きです」のように、「를/을 〜を」を使います。名詞の最後の文字にパッチムがあるかないかで「를」と「을」を使い分けます。

● 티브이(テレビ)など、最後の文字にパッチムがない場合は「를」を付ける
● 밥(ご飯)など、最後の文字にパッチムがある場合は「을」を付ける

→ 単語を入れかえてみよう！

● 名詞の最後の文字にパッチムがない場合

手紙を書きます。

편지를 씁니다.
ピョンジルr ッスmニダ

| 手紙 | を | 書きます |

● 名詞の最後の文字にパッチムがある場合

写真を撮ります。

사진을 찍습니다.
サジヌr ッチkスmニダ

| 写真 | を | 撮ります |

文法＋α プラスアルファ

「를/을」は日本語の「〜を」とほぼ同じ意味ですが、「〜に」の意味で使うケースもあります。「〜に乗る」や「〜に会う」がそうです。日本語では「バスに乗ります」と言いますが、韓国語では「버스를 탑니다」、「友達に会います」は「친구를 만납니다」と、「를 〜を」を使います。「타다 乗る」と「만나다 会う」は「를/을 타다 〜に乗る」「를/을 만나다 〜に会う」とセットで覚えましょう。

問題 次の単語に続く「〜を」を考えて書きましょう。

ヒント▶名詞の最後の文字のパッチムのあり・なしで変わります。

① 거울 (　　　　　　　　　)
コ　ウr
鏡　　　　　を

② 회의 (　　　　　　　　　)
フェ　イ
会議　　　　　を

③ 영화 (　　　　　　　　　)
ヨンファ
映画　　　　　を

④ 출장 (　　　　　　　　　)
チュrチャン
出張　　　　　を

●◆ **練習** 実際に書いて練習しましょう。

新曲を聞きます。
シン ゴ グr　トゥッス m ニ ダ
신곡을　듣습니다.
新曲　を　　　聞きます

신곡을 듣습니다.

タクシーを待ちます。
テ シ ルr　キ ダ リ m ニ ダ
택시를　기다립니다.
タクシー　を　　　待ちます

택시를 기다립니다.

果物がとても好きです。
クァ イ ルr　ア ジュ　チョ ア ハ m ニ ダ
과일을　아주　좋아합니다.
果物　を　　とても　　　好きです

과일을 아주 좋아합니다.

毎晩ワインを飲みます。
メ イ r　パ m　ワ イ ヌ r　マ シ m ニ ダ
매일　밤　와인을　마십니다.
毎日　夜　ワイン　を　　　飲みます

매일 밤 와인을 마십니다.

答え ① 을 (ウr)　② 를 (ルr)　③ 를 (ルr)　④ 을 (ウr)

形容詞 ＋ です

サイズが少し 小さい です。

사이즈가 조금 작아요.

サイズ　　　が　　　少し　　　　小さいです

基本文型

動詞・形容詞の다の前の母音がㅏ、ㅗ	＋아요 ～です・ます
動詞・形容詞の다の前の母音がㅏ、ㅗ以外	＋어요 ～です・ます

使い方　「(스)ㅂ니다 ～です・ます」(P.16)と同じく「～です・ます」を表しますが、よりやわらかい表現です。「(스)ㅂ니다 ～です・ます」は発表、案内、ビジネスなどの場面で使われ、この「아/어요 ～です・ます」は主に日常生活の会話として使われます。動詞・形容詞の「다」の前の母音の種類によって「아요」「어요」を使い分けます。

●작다(小さい)など、「다」の前の母音が「ㅏ、ㅗ」の場合は「다」を取り「아요」を付ける
●먹다(食べる)など、「다」の前の母音が「ㅏ、ㅗ」以外の場合は「다」を取り「어요」を付ける

ただし、「공부하다 勉強する」などのように「하다 する」が付く動詞の場合は例外的に「×하요」ではなく「해요」となります。また、「듣다 聞く」「걷다 歩く」は、それぞれ「들어요 聞きます」「걸어요 歩きます」になるので、そのまま覚えましょう。

→ **単語を入れかえてみよう！**

● 「다」の前の母音が「ㅏ、ㅗ」の場合

住む　　　　ソウルに住みます。
살다 ➡ 서울에 살아요.
住む　　ソウル　に　　住みます

● 「다」の前の母音が「ㅏ、ㅗ」以外の場合

読む　　　　本を読みます。
읽다 ➡ 책을 읽어요.
読む　　本　を　　読みます

● 「하다 する」が付く動詞の場合

運動する　　　運動します。
운동하다 ➡ 운동해요.
運動する　　　運動します

● 「듣다 聞く」「걷다 歩く」の場合

聞く　　　聞きます。　　　歩く　　　歩きます。
듣다 ➡ 들어요.　　　걷다 ➡ 걸어요.
聞く　　聞きます　　　　歩く　　歩きます

問題 次の単語を「아/어요」の形に変えましょう。

ヒント▶「다」の前の母音の種類または文字によって変わります。

① 알다 ➡（　　　　　　　　　）
アㇻダ
わかる　　　　わかります

② 웃다 ➡（　　　　　　　　　）
ウッタ
笑う　　　　笑います

③ 청소하다 ➡（　　　　　　　　　）
チョンソハダ
掃除する　　　　掃除します

④ 좋다 ➡（　　　　　　　　　）
チョッタ
よい　　　　よいです

◖◗ **練習** 実際に書いて練習しましょう。

このドラマ本当に面白いです。　재미있다(面白い)
チェミイッタ

이 드라마 진짜 재미있어요.
イ　ドゥラマ　チンッチャ　チェミイッソヨ

この　　ドラマ　　本当に　　面白いです

이 드라마 진짜 재미있어요.

動画の振り付けを真似します。　따라 하다(真似する)
ッタラハダ

동영상 안무를 따라 해요.
トンヨンサン　アンムルㇽッタラ　ヘヨ

動画　　振り付け　　を　　真似します

동영상 안무를 따라 해요.

アンコールのときいつも泣きます。　울다(泣く)
ウㇽダ

앵콜 때 언제나 울어요.
エンコㇽ　ッテ　オンジェナ　ウロヨ

アンコール　とき　　いつも　　泣きます

앵콜 때 언제나 울어요.

答え ① 알아요 ② 웃어요 ③ 청소해요 ④ 좋아요
　　　アラヨ　　ウソヨ　　チョンソヘヨ　　チョアヨ

動詞 ＋ ます

明日友達に 会い ます。

내일 친구를 만나요.

明日	友達	に	会います

基本文型

① 動詞・形容詞の요体が ㅏ아요 / ㅓ어요 → ㅏ요 / ㅓ요 〜です・ます

② 動詞・形容詞の요体が ㅗ아요 / ㅜ어요 → 와요 / 워요 〜です・ます

③ 動詞・形容詞の요体が ㅣ어요 → 여요 〜です・ます

使い方 「다」の前にパッチムがない動詞・形容詞を요体にしたとき、できる限り縮めて書き、発音します。これを「縮約」と言います。

① 만나다 会う → 만나아요 → 만나요 会います
② 오다 来る → 오아요 → 와요 来ます
③ 마시다 飲む → 마시어요 → 마셔요 飲みます

→ 単語を入れかえてみよう！

縮約パターン ① ㅏ아요 / ㅓ어요 → ㅏ요 / ㅓ요の場合

しょっぱい　料理がちょっとしょっぱいです。

짜다 ➡ 요리가 좀 짜요.

しょっぱい	料理	が ちょっと	しょっぱいです

縮約パターン ② ㅗ아요 / ㅜ어요 → 와요 / 워요の場合

習う　　　韓国語を習います。

배우다 ➡ 한국어를 배워요.

習う	韓国語 を	習います

縮約パターン ③ ㅣ어요 → ㅕ요の場合

待つ　　　　　順番を待ちます。

기다리다 ➡ 순서를 기다려요.

待つ	順序 を	待ちます

問題 次の単語を「아/어요」の縮約形に変えましょう。

① 두다 ➡（　　　　　　　　　　）
　トゥダ
　置く　　　　　置きます

② 보다 ➡（　　　　　　　　　　）
　ポダ
　見る　　　　　見ます

③ 어리다 ➡（　　　　　　　　　　）
　オリダ
　幼い　　　　　幼いです

④ 사다 ➡（　　　　　　　　　　）
　サダ
　買う　　　　　買います

●━◇ 練習 実際に書いて練習しましょう。

ゴミを捨てます。 버리다(捨てる)
　　　　　　　　 ポリダ
쓰레기를 버려요.
ッスレギルr　ポリョ　ヨ
　ゴミ　　を　　捨てます

쓰레기를 버려요.

よく見えます。 보이다(見える)
　　　　　　　ポイダ
잘 보여요.
チャr ポ ヨ ヨ
よく　見えます

잘 보여요.

席を変えます。 바꾸다(変える)
　　　　　　　バックダ
자리를 바꿔요.
チャ リ ルr バ ックォ ヨ
　席　　を　　変えます

자리를 바꿔요.

家に友達が来ます。 오다(来る)
　　　　　　　　　オダ
집에 친구가 와요.
チベ チング ガ　ワ ヨ
家 に　友達　が　来ます

집에 친구가 와요.

このお店が安いです。 싸다(安い)
　　　　　　　　　　ッサダ
이 가게가 싸요.
イ カ ゲ ガ ッサ ヨ
この　お店　が　安いです

이 가게가 싸요.

横断歩道を渡ります。 건너다(渡る)
　　　　　　　　　　コンノダ
횡단보도를 건너요.
フェンダンボ ド ルr コン ノ ヨ
　横断歩道　　を　　渡ります

횡단보도를 건너요.

答え ① 둬요　② 봐요　③ 어려요　④ 사요
　　　トゥォ ヨ　ブァ ヨ　オリョ ヨ　サ ヨ

29

形容詞 ＋ です

韓国の冬は本当に 寒い です。

한국 겨울은 정말 추워요.

（ハングk）（キョ ウ ルン）（チョンマr）（チュ ウォ ヨ）

韓国の　　　冬　は　　本当に　　　寒いです

基本文型

① 動詞・形容詞の다の前にパッチムがなく母音が「ㅡ」
　 →「ㅡ」を取って
　 ＋ ㅏ요/ㅓ요（ア ヨ／オ ヨ）　～です・ます

② 動詞・形容詞の다の前の文字が「르」
　 →「르」を取って
　 ＋ ㄹ라요/ㄹ러요（r ラ ヨ／r ロ ヨ）　～です・ます

③ 動詞・形容詞の다の前のパッチムが「ㅂ」
　 →「ㅂ」を取って
　 ＋ 와요/워요（ワ ヨ／ウォ ヨ）　～です・ます

使い方

P.26の「아/어요」の活用から少し形が変わる不規則な活用です。

① 「다」の前にパッチムがなく母音が「ㅡ」→「ㅡ」を取って「ㅓ요」を付ける(例：크다 大きい → 커요 大きいです)

・単語が3文字以上で「ㅡ」の前の母音が「ㅗ」(例：모으다 集める)や「ㅏ」(例：바쁘다 忙しい)の場合は、「ㅡ」を取り「ㅏ요」を付ける(→ 모아요 集めます/바빠요 忙しいです)

② 「다」の前の文字が「르」→「르」の前の母音が「ㅏ、ㅗ」(例：모르다 知らない)の場合は、「르」を取り「ㄹ라요」を(→ 몰라요 知らないです)、「ㅏ、ㅗ」以外の場合(例：부르다 呼ぶ)は、「르」を取り「ㄹ러요」を付ける(→ 불러요 呼びます)

③「다」の前のパッチムが「ㅂ」(例：춥다 寒い) →「ㅂ」を取り「워요」を付ける(→추워요 寒いです)

・「ㅂ」を取り「와요」を付ける単語は、「돕다 手伝う」と「곱다 きれいだ」のみ(→ 도와요 手伝います/고와요 きれいです) ※「다」の前が「ㅂ」でも規則活用することがあります。

→ **単語を入れかえてみよう！**

① 「다」の前にパッチムがなく
　 母音が「ㅡ」の場合

うれしい　　　　とてもうれしいです。

기쁘다 ➡ 너무 기뻐요.
（キップ ダ）　　（ノム）（キッポ ヨ）
うれしい　　　とても　うれしいです

② 「다」の前の文字が「르」の場合

違う　　　　　雰囲気が違います。

다르다 ➡ 분위기가 달라요.
（タルダ）　　（プ ヌィ ギ ガ）（タ ラ ヨ）
違う　　　　　雰囲気　　が　　違います

③ 「다」の前のパッチムが「ㅂ」の場合

拾う　　　　　ゴミを拾います。

줍다 ➡ 쓰레기를 주워요.
（チュp タ）　　（ッスレ ギ ルr）（チュ ウォ ヨ）
拾う　　　　　ゴミ　　を　　拾います

（問題）次の単語を「아/어요」の不規則活用の形に変えましょう。

ヒント▶「다」の前の母音、文字、パッチムに注意しましょう。

① 나쁘다 （ナップダ） ➡（　　　　　　　　）② 끄다 （ックダ） ➡（　　　　　　　　）
　　悪い　　　　　　　悪いです　　　　　　　　消す　　　　　消します

③ 차갑다 （チャガpタ） ➡（　　　　　　）④ 고르다 （コルダ） ➡（　　　　　　　　）
　　冷たい　　　　　冷たいです　　　　　　　　選ぶ　　　　　選びます

➟ 練習　実際に書いて練習しましょう。

平日は忙しいです。 바쁘다（忙しい）（バップダ）
평일은 바빠요. （ピョンイルン バッパヨ）
平日　は　忙しいです

평일은 바빠요.

クレジットカードを使います。 쓰다（使う）（ッスダ）
신용카드를 써요. （シニョンカドゥルr ッソヨ）
クレジットカード　を　使います

신용카드를 써요.

喉が渇きます。 마르다（渇く）（マルダ）
목이 말라요. （モギ マrラヨ）
喉　が　渇きます

목이 말라요.

韓国の歌を歌います。 부르다（歌う）（ブルダ）
한국 노래를 불러요. （ハングン ノレルr ブrロヨ）
韓国　歌　を　歌います

한국 노래를 불러요.

声がかわいいです。 귀엽다（かわいい）（クィヨpダ）
목소리가 귀여워요. （モクソリガ クィヨウォヨ）
声　が　かわいいです

목소리가 귀여워요.

いつもありがとうございます。 고맙다（ありがたい）（コマpタ）
언제나 고마워요. （オンジェナ コマウォヨ）
いつも　ありがたいです

언제나 고마워요.

答え ① 나빠요 （ナッパヨ）　② 꺼요 （ッコヨ）　③ 차가워요 （チャガウォヨ）　④ 골라요 （コラヨ）

おさらい ① フレーズ ①～フレーズ ⑬

(1) 次の（　　　）に入る最も適切なものを選びましょう。

① 직업이 뭐(　　　　)? 職業は何ですか？　② 대학생(　　　　). 大学生です。

a. 예요	b. 이에요	c. 아니에요

(2) （　　　）の中から正しいものを選びましょう。

① 나(는/은) 일본 사람이에요. 私は日本人です。

② 선생님(는/은) 어느 나라 사람이에요? 先生はどこの国の人ですか？

(3) 次の（　　　）に入る最も適切な助詞「〜が」を書きましょう。

① 어머니(　　　　) 간호사예요. 母が看護師です。

② 직장(　　　　) 여기예요. 職場がここです。

(4) 次の（　　　）に入る最も適切なものを選びましょう。

① 저 사람은 가수(　　　　). あの人は歌手じゃないです。

② 그것은 제 책(　　　　). それは私の本じゃないです。

a. 가 아니에요	b. 이 아니에요	c. 는 아니에요

(5) 次の（　　　）に入る最も適切な指示代名詞を書きましょう。

① (　　　　) 사람이 제 남편이에요. あの人が私の夫です。

② (　　　　)이 인기 상품이에요? それが人気商品ですか？

③ (　　　　)가 명동이에요? ここが明洞ですか？

(6) 次の単語を「(스)ㅂ니다 〜です・ます」の形に変えましょう。

① 가다 →(　　　　) 行きます　② 먹다 →(　　　　) 食べます
　行く　　　　　　　　　　　　　　食べる

③ 듣다 →(　　　　) 聞きます　④ 길다 →(　　　　) 長いです
　聞く　　　　　　　　　　　　　　長い

(7) 日本語訳に合わせて書きましょう。

① 회사(　　) 냉장고가 (　　　　)? 会社に冷蔵庫がありますか？

② 지갑(　　) 돈이 (　　　　). 財布にお金がありません。

(8) （　　　）にあてはまる疑問詞を下から選んで書きましょう。

① （　　　　）이 인기 있어요? 何が人気ありますか？

② 저 사람은 （　　　）예요? あの人は誰ですか？

③ 집은 （　　　）예요? 家はどこですか？

어디	누구	무엇

(9) 次の数字を韓国語の漢数詞で書きましょう。

① 39 （　　　） ② 126 （　　　　　　） ③ 4702 （　　　　　　　　　）

(10) 次の（　　　）に入る最も適切な助詞「～を」を選びましょう。

① 음악（　　　） 듣습니다. 音楽を聞きます。

② 숙제（　　　） 합니다. 宿題をします。

a. 는	b. 를	c. 을

(11) 次の単語を「아/어요 ～です・ます」の形に変えましょう。

① 살다 →（　　　　　） 住みます　　② 먹다 →（　　　　　） 食べます
　　住む　　　　　　　　　　　　　　　　食べる

③ 하다 →（　　　　　） します　　④ 높다 →（　　　　　） 高いです
　　する　　　　　　　　　　　　　　　　高い

(12) （　　　）の中から正しいものを選びましょう。

① 친구를 （만나요 / 만나아요）. 友達に会います。　만나다 会う

② 역에서 （기다리어요 / 기다려요）. 駅で待ちます。　기다리다 待つ

③ 한국어를 （배우어요 / 배워요）. 韓国語を習います。　배우다 習う

(13) （　　　）の中から正しいものを選びましょう。

① 가방이 （크어요 / 커요）. カバンが大きいです。　크다 大きい

② 성격이 （다르어요 / 달라요）. 性格が違います。　다르다 違う

③ 물이 （차가워요 / 차갑아요）. 水が冷たいです。　차갑다 冷たい

解答 (1) ①a ②b→フレーズ01／P.6 (2) ①는 ②은→フレーズ02／P.8 (3) ①가 ②이→フレーズ03／P.10 (4) ①a ②b→フレーズ04／P.12 (5) ①저 ②그것 ③여기→フレーズ05／P.14 (6) ①갑니다 ②먹습니다 ③듣습니다 ④깁니다→フレーズ06／P.16 (7) ①에 / 있습니까 ②에 / 없습니다→フレーズ07／P.18 (8) ①무엇 ②누구 ③어디→フレーズ08／P.20 (9) ①삼십구 ②백이십육 ③사천칠백이→フレーズ09／P.22 (10) ①c ②b→フレーズ10／P.24 (11) ①살아요 ②먹어요 ③해요 ④높아요→フレーズ11／P.26 (12) ①만나요 ②기다려요 ③배워요→フレーズ12／P.28 (13) ①커요 ②달라요 ③차가워요→フレーズ13／P.30

33

動詞 ＋ 〜たいです

ファンミーティングに 行き たいです。

팬미팅에 가고 싶어요.
ファンミーティング　　に　　　　　　行きたいです

基本文型

動詞 ＋고 싶어요 〜たいです

使い方　「〜したい」と自分の希望、意思を表現できます。動詞の「다」を取って「고 싶어요」を付けるだけです。「〜です・ます」の語尾は、니다体 (P.16) か、요体 (P.26) かで変わります。少しかたい表現である니다体にする場合は、原形「싶다 したい」に「습니다」の語尾を付け「고 싶습니다」とします。

●읽다 読む → 읽고 싶습니다 読みたいです

また、他人の希望、意思を表現するときは「고 싶다 〜したい」ではなく「고 싶어 하다 〜したがる」を使いましょう。

●엄마가 커피를 마시고 싶어 해요(마시고 싶어 합니다) お母さんがコーヒーを飲みたがります

→ **単語を入れかえてみよう！**

●요体で表現する場合
タクシーに乗りたいです。
택시를 타고 싶어요.
タクシー　を　　　乗りたいです

●니다体で表現する場合
地下鉄に乗りたいです。
지하철을 타고 싶습니다.
　地下鉄　　を　　　乗りたいです

●他人の希望、意思を表現する場合
友達がバスに乗りたがります。
친구가 버스를 타고 싶어 해요.
　友達　が　バス　を　　　乗りたがります

「〜に乗る」は「를/을 타다」。日本語につられて「에 타다」とならないようにしてね(P.24文法＋α参照)！

問題 次の単語を「～たいです」「～たがります」の表現に変えましょう。

ヒント▶語尾の「다」を取って語尾を付けるだけでOKです。

① 일하다➡(   )
働く   働きたいです

② 들어가다➡(   )
入る   入りたいです

③ 놀다➡(   )
遊ぶ   遊びたいです

④ 보내다➡(   )
送る   送りたがります

練習 実際に書いて練習しましょう。

手を洗いたいです。 씻다(洗う)

손을 씻고 싶어요.
手   を   洗いたいです

손을 씻고 싶어요.

やせたいです。 살을 빼다(やせる)

살을 빼고 싶어요.
やせたいです

살을 빼고 싶어요.

韓国の友達と付き合いたいです。 사귀다(付き合う)

한국 친구를 사귀고 싶어요.
韓国   友達   を   付き合いたいです

한국 친구를 사귀고 싶어요.

単語をたくさん覚えたいです。 외우다(覚える)

단어를 많이 외우고 싶어요.
単語   を   たくさん   覚えたいです

단어를 많이 외우고 싶어요.

答え ① 일하고 싶어요/일하고 싶습니다   ② 들어가고 싶어요/들어가고 싶습니다   ③ 놀고 싶어요/놀고 싶습니다
④ 보내고 싶어 해요 / 보내고 싶어 합니다

名詞 ＋ と

펜라이트와 굿즈를 사요.

ペンライトと グッズを 買います。

| 팬라이트_{ペンライト} | 와_と | 굿즈_{グッズ} | 를_を | 사요_{買います} |

基本文型

名詞(パッチムなし)	＋ **와** ~と
名詞(パッチムあり)	＋ **과** ~と
名詞	＋ **하고** ~と

使い方

2つ以上の名詞をつなげるときに使う助詞です。「와/과」と「하고」は同じ「〜と」という意味ですが、「하고」は会話でよく使う表現です。「하고」はすべての名詞にそのまま付けるだけでOKです。「와/과」は名詞の最後の文字にパッチムがあるかないかで「와」と「과」を使い分けます。

●팬라이트(ペンライト)など、最後の文字にパッチムがない場合は「와」を付ける
●토트백(トートバッグ)など、最後の文字にパッチムがある場合は「과」を付ける

→ **単語を入れかえてみよう！**

●名詞の最後の文字にパッチムがない場合

観光地とお店を調べます。

관광지와 가게를 알아봐요.
観光地 と お店 を 調べます

●名詞の最後の文字にパッチムがある場合

ご飯とおかずを準備します。

밥과 반찬을 준비해요.
ご飯 と おかず を 準備します

●名詞のパッチムに関係なく使える

趣味は登山と旅行です。

취미는 등산하고 여행이에요.
趣味 は 登山 と 旅行 です

「하고」はどんな名詞にも付けられるよ

文法＋α

同じ「〜と」の意味で、主に会話で使われる「랑/이랑」という表現もあります。お年寄り、また書き言葉としてはあまり使わない表現で、親しい相手なら誰にでも使えます。「팬라이트ペンライト」のように名詞の最後の文字にパッチムがない場合には「랑」を、「토트백トートバッグ」のように最後の文字にパッチムがある場合には、「이랑」を付けます。

問題 次の名詞に続く「〜と」をすべて書きましょう。

ヒント▶名詞の最後の文字のパッチムのあり・なしで変わる「〜と」と、どんな名詞にも付く「〜と」があります。

① 노래 (ノ レ)（ 　/　 ）
歌　　　　　　　と

② 게임 (ケ イ m)（ 　/　 ）
ゲーム　　　　　　　と

③ 택시 (テ k シ)（ 　/　 ）
タクシー　　　　　　と

④ 동전 (ト ン ジョン)（ 　/　 ）
小銭　　　　　　　と

練習 実際に書いて練習しましょう。

このメンバーはダンスとラップ担当です。

이 멤버는 춤과 랩 담당입니다.
この　メンバー　は　ダンス　と　ラップ　担当　です

이 멤버는 춤과 랩 담당입니다.

ビールとチキンを注文します。

맥주와 치킨을 주문해요.
ビール　と　チキン　を　注文します

맥주와 치킨을 주문해요.

明日と明後日は忙しいです。

내일하고 모레는 바빠요.
明日　と　明後日　は　忙しいです

내일하고 모레는 바빠요.

答え ① 와 / 하고　② 과 / 하고　③ 와 / 하고　④ 과 / 하고

名詞 + で

どこ で 注文しますか？

어디에서 주문해요?

オディエソ チュムネヨ

どこ　　で　　　　注文しますか

基本文型

名詞(場所) ＋ 에서 〜で
エ ソ

使い方 ある場所で何かをするときに、場所を表す名詞のあとに付く助詞です。P.18で学習した「에 있습니다/없습니다 〜にあります・ありません」の「에 〜に」も「명동에 있습니다 明洞にあります」のように「(場所) に」を表す助詞でしたが、「에서 〜で」は、「(場所) で (そこに留まって) 何かをする」ということを表します。パッチムの有無に関係なく、すべての名詞にそのまま付けて使うことができます。

→ 単語を入れかえてみよう！

公園で遊びますか？

공원에서 놀아요?
コンウォネ ソ ノラ ヨ

公園　　で　　遊びますか

駅で待ち合わせます。

역에서 만나요.
ヨ ゲソ　マンナ ヨ

駅　　で　　会います

文法＋α プラスアルファ

「家から駅まで」という文の出発地点のあとに付く助詞「〜から」も「에서」です。ですが、「에서」は「明日から一週間」などの時間、日付を表す名詞のあとには付けられません。この場合の「〜から」には「부터」を使います。「부터」は場所、時間のどちらにも使える助詞です。「家から駅まで」は韓国語で「집에서 역까지」または、「집부터 역까지」になります。

問題 次の文章で「에서」を使うものに○を付けましょう。

① ( ) ネットカフェでゲームをします。　② ( ) 学校に行きます。

③ ( ) 図書館で勉強します。　④ ( ) キッチンにいます。

⑤ ( ) 駅から歩きます。　⑥ ( ) 今から行きます。

◆◇ 練習　実際に書いて練習しましょう。

食堂で飲み会をします。

식당에서 회식을 해요.
（シ ｋ タ ン ｴ ソ　フェ シ グ ｒ　ヘ ヨ）
食堂　　　で　　会食　を　　します

식당에서 회식을 해요.

図書館で本を借ります。

도서관에서 책을 빌려요.
（ト ソ グァ ネ ソ　チェ グ ｒ　ピ ｒ リョ ヨ）
図書館　　　で　　本　を　　借ります

도서관에서 책을 빌려요.

駅で友達を待ちます。

역에서 친구를 기다려요.
（ヨ ゲ ソ　チ ン グ ル ｒ　キ ダ リョ ヨ）
駅　で　　友達　を　　待ちます

역에서 친구를 기다려요.

答え ①③⑤

動詞 + ません

お酒は 飲み ます。

술은 안 마셔요.
スルン アン マショヨ

お酒　は　　　　　飲みません

基本文型

안^{アン} +
| 動詞 | 〜ません、ないです |
| 形容詞 | 〜ないです |

使い方　動詞・形容詞を否定するときに、動詞・形容詞の前に付けて使います。

●담배를 피우다 たばこを吸う → 담배를 안 피워요 たばこを吸いません
タムベルル ピウダ　　　　　　　　タムベルル アン ピウォヨ

●여기에서 멀다 ここから遠い → 여기에서 안 멀어요 ここから遠くないです
ヨギエソ モルダ　　　　　　　　ヨギエソ アン モロヨ

「안^{アン}」と、次に来る動詞・形容詞は間を空けて分かち書き（P.4）しますが、読むときにはつなげて１つの単語のように読みます。また、「지각하다 遅刻する」「결혼하다 結婚する」など「名詞＋하다 する」の形の動詞を否定するときは、名詞と「하다 する」の間に「안^{アン}」を入れます（例：결혼하다 結婚する → 결혼 안 해요 結婚しません）。

→ **単語を入れかえてみよう！**

●動詞の否定の場合

私は行きません。

저는 안 가요.
チョヌン アン ガヨ

私　は　行きません

●形容詞の否定の場合

今日は暑くないです。

오늘은 안 더워요.
オ ヌ ルン アン ドゥォヨ

今日　は　　暑くないです

●「名詞＋하다 する」の動詞の場合

掃除しません。

청소 안 해요.
チョン ソ ア ネヨ

掃除　　しません

文法＋α ^{プラスアルファ}

「있다 ある・いる」の否定は、「안^{アン}」を使わず「없다 ない・いない」のように反対語で表現します。たとえば、「재미있다 面白い」は「재미없다 面白くない」、「맛있다 おいしい」は「맛없다 おいしくない」となります。

問題 次の文を否定文に変えましょう。

ヒント▶否定語は動詞・形容詞の前に付けます。

① 잘라요➡(   )
      チャ r ラ ヨ

切ります   切りません

② 타요➡(   )
      タ ヨ

乗ります   乗りません

③ 숙제해요➡(   )
      ス k チェ ヘ ヨ

宿題します   宿題しません

④ 가까워요➡(   )
      カ ッカウォ ヨ

近いです   近くないです

◗◆ 練習 実際に書いて練習しましょう。

全然太っていないです。

전혀　안　뚱뚱해요.
チョニョ　アン　ットゥンットゥン ヘ　ヨ

全然   太ってないです

전혀　안　뚱뚱해요.

まったく似ていないです。

하나도　안　비슷해요.
ハ　ナ　ド　アン　ビ　ス テ　ヨ

まったく   似てないです

하나도　안　비슷해요.

今日行きません。

오늘　안　가요.
オ ヌ r　アン　ガ　ヨ

今日   行きません

오늘　안　가요.

おなかがすいていません。

배가　안　고파요.
ペ ガ　アン　ゴ パ ヨ

おなか　が   すいてません

배가　안　고파요.

お菓子はあまり食べません。

과자는　별로　안　먹어요.
クァジャヌン　ピョr ロ　アン　モ ゴ ヨ

お菓子　は　あまり　食べません

과자는　별로　안　먹어요.

答え ① 안 잘라요　② 안 타요　③ 숙제 안 해요　④ 안 가까워요
      アン チャ r ラ ヨ　アン タ ヨ　ス k チェ ア ネ ヨ　アン カッカ ウォ ヨ

固有数詞

30 歳です。

서른 살이에요.

| 30 | 歳 | です |

基本文型

1	2	3	4	5	6	7	8	9
하나/한	둘/두	셋/세	넷/네	다섯	여섯	일곱	여덟	아홉

10	20	30	40	50	60	70	80	90
열	스물/스무	서른	마흔	쉰	예순	일흔	여든	아흔

使い方 韓国の数字には漢数詞（P.22）と固有数詞の2種類あり、こちらは固有数詞です。漢数詞は1〜10を覚えたらあとは組み合わせるだけでしたが、固有数詞は20、30〜90の数字の読み方がそれぞれ存在します。例えば20という数字は「스물」という読み方が存在するので、21は「20 스물＋1 하나 → 스물하나」と読みます。また、「1、2、3、4、20」は単独で読む場合と、単位などの助数詞が付く場合の2つの読み方があります。

● 「3」のように単独で読む場合の「3」は、表の左の読み方「셋」
● 「3人」のように後ろに助数詞が付く場合の「3」は、表の右の読み方「세」

固有数詞は年齢（살 歳）、人数（명 名）、数（개 つ、個）、時間（시 時）、飲み物（잔 杯/병 本）、書籍（권 冊）、動物（마리 匹）、回数（번 回）、服（벌 着）などいろいろな場面で使われます。また、固有数詞は1〜99までしかなく、0と100以降は漢数詞を使います。

→ 単語を入れかえてみよう！

● 固有数詞を使う助数詞の例

バスが8台あります。
버스가 여덟 대 있어요.
| バス | が | 8 | 台 | あります |

クレジットカードを3枚使います。
신용카드를 세 장 사용해요.
| クレジットカード | を | 3 | 枚 | 使います |

ワンピースが45着入荷します。
원피스가 마흔다섯 벌 들어와요.
| ワンピース | が | 45 | 着 | 入荷します |

おさらい 漢数詞と固有数詞の違い

主に固有数詞は古くから数えていたもの（人数、年齢など）、漢数詞はもう少し新しい時代に数えるようになったもの（番号、階など）に用いられます。ニュースなど、漢数詞を使うことで少しかたい表現になることもあります（例：총 이십삼 인의 선수가 참가합니다 総勢23人の選手が参加します）。

① 1 （　　　　　　　　） ② 4冊（　　　　　　　　）권^{クォン}

③ 7 （　　　　　　　　） ④ 24 （　　　　　　　　）

⑤ 48 （　　　　　　　　） ⑥ 63 （　　　　　　　　）

◗━◗ 練習 実際に書いて練習しましょう。

その歌は1日に10回聞きます。

그 노래는 하루에 열 번 들어요.

| その | 歌 | は | 1日 | に | 10 | 回 | 聞きます |

그 노래는 하루에 열 번 들어요.

着替えを5着持っていきます。

여벌옷을 다섯 벌 가지고 가요.

| 着替え | を | 5 | 着 | 持って | いきます |

여벌옷을 다섯 벌 가지고 가요.

ツイッターのアカウントが3つあります。

트위터 계정이 세 개 있어요.

| ツイッター | アカウント | が | 3 | つ | あります |

트위터 계정이 세 개 있어요.

答え ① 하나^{ハナ} ② 네^ネ ③ 일곱^{イ ゴㇷ゚} ④ 스물넷^{ス ㇺrレッ} ⑤ 마흔여덟^{マ フン ニ ドr} ⑥ 예순셋^{イェスンセッ}

日付、時間

2月8日7時 に 行きます。

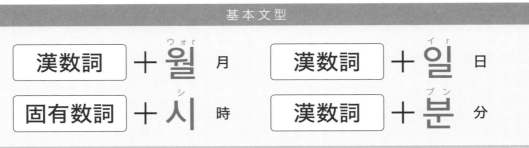

이월 팔일 일곱 시에 갑니다.

| 2 | 月 | 8 | 日 | 7 | 時 | に | 行きます |

基本文型

| 漢数詞 | ＋ | 월 | 月 | | 漢数詞 | ＋ | 일 | 日 |
| 固有数詞 | ＋ | 시 | 時 | | 漢数詞 | ＋ | 분 | 分 |

使い方　韓国語で「1～12月」を表現するときは漢数詞（P.22）に「월 月」を、「1～31日」を表現するときは漢数詞に「일 日」を付けます（例：일월 일일 1月1日）。6月と10月のみ、「육 6」「십 10」からパッチムを取り、「유월 6月」「시월 10月」になるので注意しましょう。時間の「時」を表すときは固有数詞（P.42）に「시 時」を付け、「分」は漢数詞（P.22）に「분 分」を付けます（例：한 시 십 분 1時10分）。また、「30分」は、「삼십 분 30分」とともに、日本語の「半」と同じく「반 半」もよく使われます（例：2時30分／2時半 두 시 삼십 분/두 시 반）。日付、時間に付く助詞「～に」は「에」です（例：사일에 출발해요 4日に出発します）。

↪ **単語を入れかえてみよう！**

● **日付の場合**

3月7日

삼월 칠일

| 3 | 月 | 7 | 日 |

● **時間の場合**

9時51分

아홉 시 오십일 분

| 9 | 時 | 51 | 分 |

⇨ **重要** 「요일 曜日」の表現

日曜日	月曜日	火曜日	水曜日	木曜日	金曜日	土曜日
イ リョイr 일요일	ウォ リョイr 월요일	ファ ヨ イr 화요일	ス ヨイr 수요일	モ ギョイr 목요일	クミョイr 금요일	ト ヨ イr 토요일

問題 次の日付、時間を韓国語で書きましょう。

① 9月　（　　　　　　　　　　　）　② 5日　（　　　　　　　　　　　　　　）

③ 12時　（　　　　　　　　　　　）　④ 20分　（　　　　　　　　　　　　　）

⑤ 7月30日（　　　　　　　　　　）　⑥ 5時45分（　　　　　　　　　　　　）

練習 実際に書いて練習しましょう。

朝7時半の飛行機です。

아침 일곱 시 반 비행기예요.

| 朝 | 7 | 時 | 半 | 飛行機 | です |

아침 일곱 시 반 비행기예요.

10月30日に誕生日イベントがあります。

시월 삼십일에 생일 이벤트가 있어요.

| 10 | 月 | 30 | 日 | に | 誕生日 | イベント | が | あります |

시월 삼십일에 생일 이벤트가 있어요.

6時30分からチケット販売が始まります。

여섯 시 삼십 분부터 티켓팅이 시작돼요.

| 6 | 時 | 30 | 分 | から | チケット販売 | が | 始まります |

여섯 시 삼십 분부터 티켓팅이 시작돼요.

答え ① 구월　② 오일　③ 열두 시　④ 이십 분　⑤ 칠월 삼십일　⑥ 다섯 시 사십오 분

45

このパックは いくら ですか？

이 팩은 얼마예요?
イ　ペ グ ン　オ ル マ エ ヨ

この　パック　は　いくら　ですか

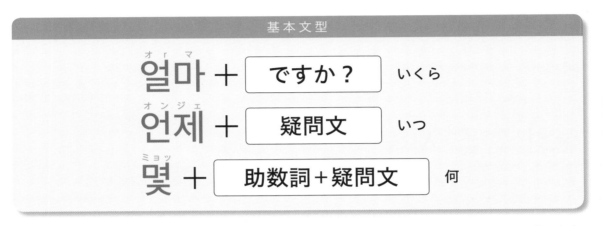

基本文型

얼마 ＋	ですか？　いくら
언제 ＋	疑問文　いつ
몇 ＋	助数詞＋疑問文　何

使い方

物の値段や時期、個数などをたずねるときに使う疑問詞です。数字の答えを求めるときに使います。

● 「얼마 いくら」は値段をたずねるときには、文末に「ですか？」を表す「예요？」、または「입니까？」を付ける（例：카페라떼는 얼마예요？ カフェラテはいくらですか？）
● 「언제 いつ」は日付や時間についてたずねるときには、疑問文にする（例：휴가는 언제 가요？ 休暇はいつ行きますか？）
● 「몇 何」は「개 個」や「잔 杯」などの助数詞を伴い、疑問文にする（例：몇 개 있어요？ 何個ありますか？ / 몇 월이에요？ 何月ですか？）

→ 単語を入れかえてみよう！

● 「いくらですか？」の場合

この服はいくらですか？

이 옷 얼마예요？
イ　オ ッ　オ ル マ エ ヨ

この　服　いくら　ですか

● 「いつですか？」の場合

次のコンサートはいつですか？

다음 콘서트는 언제 해요？
タ ウ ム　コ ン ソ トゥ ヌ ン　オ ン ジェ　ヘ ヨ

次の　コンサート　は　いつ　しますか

● 「何〜ですか？」の場合

今、何時ですか？

지금 몇 시예요？
チ グ ム　ミョッ　シ　エ ヨ

今　何　時　ですか

文法＋α
プラスアルファ

「何月」は「몇 何」と「월 月」で「몇 월 何月」と書きますが、「何日」の場合は「몇 何」と「일 日」を組み合わせるのではなく、「며칠」と表記します。気を付けましょう。

問題 疑問詞「얼마，언제，몇」から選んで文章を完成させましょう。

① 何枚必要ですか？

（　　　　　）장 필요해요?

何　　　　枚　　　必要ですか

② この化粧水はいくらですか？

이 스킨 （　　　　　）예요?

この　化粧水　　　いくら　　　ですか

③ 試験はいつからですか？

시험은 （　　　　　）부터예요?

試験　は　　　いつ　　　から　ですか

④ 何番バスに乗りますか？

（　　　　　）번 버스를 타요?

何　　　番　バス　を　乗りますか

練習 実際に書いて練習しましょう。

誕生日はいつですか？

생일은 언제예요?

誕生日　は　　いつ　　ですか

생일은 언제예요?

メンバーは何人ですか？

멤버는 몇 명이에요?

メンバー　は　何　人　ですか

멤버는 몇 명이에요?

休憩時間はいつですか？

휴식 시간은 언제예요?

休憩　　時間　は　いつ　ですか

휴식 시간은 언제예요?

ライブビューイングチケットはいくらですか？

라이브뷰잉 티켓은 얼마예요?

ライブビューイング　チケット　は　いくら　ですか？

라이브뷰잉 티켓은 얼마예요?

答え ① 몇　② 얼마　③ 언제　④ 몇

動詞+　てください

また 来 てください。

또 오세요.
ット　オセヨ

また　　　　来てください

基本文型
動詞(다の前にパッチムなし) ＋ 세요 〜てください
動詞(다の前にパッチムあり) ＋ 으세요 〜てください

使い方 動詞のあとに付けて、指示やアドバイス、お願いをするときに使います。丁寧な表現なので目上の人にも使えます。動詞の「다」の前のパッチムによって使い分けをします。

● 오다(来る)など、「다」の前にパッチムがない場合は「다」を取り「세요」を付ける
● 먹다(食べる)など、「다」の前にパッチムがある場合は「다」を取り「으세요」を付ける
● 만들다(作る)など、「다」の前のパッチムが「ㄹ」の場合は「ㄹ」を取り「세요」を付ける(만드세요)
● 듣다(聞く)など、「다」の前のパッチムが「ㄷ」の場合は「ㄹ」に変え「으세요」を付ける(들으세요)
● 돕다(手伝う)など、「다」の前のパッチムが「ㅂ」の場合は「ㅂ」を取り、パッチムなしの形にして「우세요」を付ける(도우세요)

→ **単語を入れかえてみよう！**

● 動詞の「다」の前の文字にパッチムがない場合

買う　　　　買ってください
사다 ➡ 사세요
サダ　　　サセヨ
買う　　　買ってください

● 動詞の「다」の前の文字にパッチムがある場合

読む　　　　読んでください
읽다 ➡ 읽으세요
イㇰタ　　　イㇽグセヨ
読む　　　読んでください

● パッチムがある場合の例外3パターン

遊ぶ　　　　遊んでください
놀다 ➡ 노세요
ノㇽダ　　　ノセヨ
遊ぶ　　　遊んでください

歩く　　　　歩いてください
걷다 ➡ 걸으세요
コッタ　　　コルセヨ
歩く　　　歩いてください

拾う　　　　拾ってください
줍다 ➡ 주우세요
チュㇷタ　　チュウセヨ
拾う　　　拾ってください

問題 「～てください」の表現で正しいほうを選びましょう。

ヒント▶名詞のパッチムのあり・なしで変わります。例外もあります！

① 일어나다 ➡ (일어나세요 / 일어나으세요)
起きる　　　　　　　起きてください

② 넣다 ➡ (넣세요 / 넣으세요)
入れる　　　入れてください

③ 팔다 ➡ (파세요 / 팔으세요)
売る　　　　　売ってください

④ 굽다 ➡ (굽으세요 / 구우세요)
焼く　　　　　焼いてください

🔑練習 実際に書いて練習しましょう。

ここに書いてください。 쓰다(書く)

여기에 쓰세요.
　ここ　　　に　　書いてください

여기에 쓰세요.

先に注文してください。 주문하다(注文する)

먼저 주문하세요.
　先に　　　　注文してください

먼저 주문하세요.

このアルバムも聞いてください。 듣다(聞く)

이 앨범도 들으세요.
この　アルバム　も　　聞いてください

이 앨범도 들으세요.

カバンに入れてください。 넣다(入れる)

가방에 넣으세요.
カバン　に　　入れてください

가방에 넣으세요.

ファンサイトのIDも作ってください。 만들다(作る)

팬 사이트 아이디도 만드세요.
ファン　　サイト　　ID　も　作ってください

팬 사이트 아이디도 만드세요.

答え ① 일어나세요　② 넣으세요　③ 파세요　④ 구우세요

名詞 ＋ ください

焼酎も 1本 ください 。

소주도 한 병 주세요.

| 焼酎 | も | 1 | 本 | ください |

基本文型

名詞 ＋ 주세요 ～ください

使い方 動詞「주다 くれる、あげる」を「動詞＋(으)세요 ～してください」(P.48) の形に変えると「주세요」となり、そのまま「～ください」の意味になります。買い物やお店で注文するときなど、ほしいものがあるときに、その単語のあとに付けて使います。

●커피 주세요 コーヒーください

指示代名詞や数量のあとに付けて使うこともできます。

●이거 주세요 これください
●세 병 주세요 3本ください

→ **単語を入れかえてみよう！**

●**名詞のあとに付ける場合**
サムギョプサルください。
삼겹살 주세요.
サムギョプサル　ください

●**数量のあとに付ける場合**
2人前ください。
이 인분 주세요.
2人前　ください

●**指示代名詞のあとに付ける場合**
それください。
그거 주세요.
それ　ください

おさらい 이것 これ、그것 それ、저것 あれ(P.14)

指示代名詞である「이것 これ、그것 それ、저것 あれ」は、会話のときはパッチムを取って「이거, 그거, 저거」で使うことが多いです。また、「이거 뭐예요? これ何ですか？」のように、「何」の意味の「무엇」は、「뭐」になることが多いです(P.20)。ただし、論文などかたい表現をするとき、「뭐」は使いません。

問題 次の日本語を韓国語に変えましょう。

① それください。（　　　　　　　　　　　　　　）.

② 2つください。（　　　　　　　　　　　　　　）.

③ そのかばんください。（　　　　　　　　　　　　　　）.

●──○ 練習　実際に書いて練習しましょう。

ティッシュちょっとください。

휴지 좀 주세요.
ティッシュ　ちょっと　ください

휴지 좀 주세요.

3皿ください。

세 그릇 주세요.
3　皿　ください

세 그릇 주세요.

コーヒー4杯ください。

커피 네 잔 주세요.
コーヒー　4　杯　ください

커피 네 잔 주세요.

最新の携帯電話ください。

최신 휴대폰 주세요.
最新　携帯電話　ください

최신 휴대폰 주세요.

このTシャツください。

이 티셔츠 주세요.
この　Tシャツ　ください

이 티셔츠 주세요.

あれください。

저거 주세요.
あれ　ください

저거 주세요.

答え ① 그거(그것) 주세요　② 두 개 주세요　③ 그 가방 주세요

動詞 ＋ ないでください

ここで写真を 撮ら ないでください 。

여기에서 사진을 찍지 마세요.

ここ　　　　で　　　写真　　　を　　　　撮らないでください

動詞 ＋ 지 마세요 〜ないでください

使い方 「(으)세요 〜してください」(P.48) の否定表現です。ある行動を禁じたり、しないでほしいと丁寧に、または強く頼んだりするときに使います。会話でもよく使いますが、壁に貼ってある警告文などにもよく使われます。動詞の「다」を取って「지 마세요」をあとに付けて使います。

- 찍다 撮る → 찍지 마세요 撮らないでください
- 지각하다 遅刻する → 지각하지 마세요 遅刻しないでください

動詞の「다」の前の文字のパッチムの有無に関係なく使えます。

→ 単語を入れかえてみよう！

飲む　　　　　お酒を飲まないでください。
마시다 → 술을 마시지 마세요.
飲む　　　　お酒　を　　飲まないでください

遊ぶ　　　　　廊下で遊ばないでください。
놀다 → 복도에서 놀지 마세요.
遊ぶ　　　　廊下　　で　　遊ばないでください

重要 警告文の例

出入り制限の場所など「들어가지 마세요　入らないでください」
展示しているものなど　「만지지 마세요　触らないでください」
地下鉄のドアなど　　　「문에 기대지 마세요　ドアに寄りかからないでください」

問題 次の単語を「〜ないでください」の意味に変えましょう。

① 오다 ➡（　　　　　　　　　　）
オ ダ
来る　　　　　　来ないでください

② 타다 ➡（　　　　　　　　　　）
タ ダ
乗る　　　　　　乗らないでください

③ 씻다 ➡（　　　　　　　　　　）
ッシ タ
洗う　　　　　　洗わないでください

④ 찾다 ➡（　　　　　　　　　　）
チャッ タ
探す　　　　　　探さないでください

練習 実際に書いて練習しましょう。

公演中に撮影しないでください。　촬영하다(撮影する)
チュアリョン ハ ダ

공연 중에 촬영하지 마세요.
コン ヨン　ジュン エ　チュアリョン ハ ジ　マ セ ヨ
公演　　中　に　　撮影しないでください

공연 중에 촬영하지 마세요.

席から立ちあがらないでください。　일어나다(立ちあがる)
イ ロ ナ ダ

자리에서 일어나지 마세요.
チャ リ エ ソ　イ ロ ナ ジ　マ セ ヨ
席　　から　　立ちあがらないでください

자리에서 일어나지 마세요.

お願いだからやめないでください。　그만두다(やめる)
ク マンドゥ ダ

제발 그만두지 마세요.
チェ バ ┌ 　ク マンドゥ ジ　マ セ ヨ
どうか　　　やめないでください

제발 그만두지 마세요.

名詞 ＋でした（過去形）

昨日のコンサートは 最高 でした 。

어제 콘서트는 최고였어요.
オ ジェ コン ソ トゥ ヌン チュェ ゴ ヨッ ソ ヨ

昨日の　　　コンサート　　は　　　最高　　　でした

基本文型

動詞・形容詞の요体（の요を取って）	＋ ㅆ어요	～でした
名詞（パッチムなし）	＋ 였어요	～でした
名詞（パッチムあり）	＋ 이었어요	～でした

動詞、形容詞、名詞の過去の表現です。

使い方

●動詞と形容詞は요体（P.26）にしてから「요」を取って「ㅆ어요」を付ける
싸다 安い → 싸요 安いです → 싸＋ㅆ어요 → 쌌어요 安かったです

●名詞は最後の文字にパッチムがない場合は「였어요」を付ける
가수 歌手＋였어요 → 가수였어요 歌手でした

●名詞は最後の文字にパッチムがある場合は「이었어요」を付ける
회사원 会社員＋이었어요 → 회사원이었어요 会社員でした

→ **単語を入れかえてみよう！**

●動詞・形容詞の場合

消す　　　　電気を消しました。
끄다 ➡ 불을 껐어요.
ックダ　　ブ ル　ッコッ ソ ヨ
消す　　電気 を　消しました

短い　　　　髪が短かったです。
짧다 ➡ 머리가 짧았어요.
ッチャ タ　　モ リ ガ　ッチャ バッソ ヨ
短い　　髪 が　短かったです

●名詞の最後の文字にパッチムがない場合

父は教師でした。
아버지는 교사였어요.
ア ボ ジ ヌン キョ サ ヨッ ソ ヨ
父　は　教師　でした

●名詞の最後の文字にパッチムがある場合

去年まで学生でした。
작년까지 학생이었어요.
チャン ニョンッカ ジ ハ k セン イ オッ ソ ヨ
去年　まで　学生　でした

問題 次の単語を過去形に変えましょう。

ヒント▶動詞・形容詞はまず「요体」の活用にします。

① 크다 ➡ (   )
_{ク ダ}
大きい   大きかったです

② 친구 ➡ (   )
_{チン グ}
友達   友達でした

③ 버리다 ➡ (   )
_{ポ リ ダ}
捨てる   捨てました

④ 산 ➡ (   )
_{サン}
山   山でした

➡ **練習** 実際に書いて練習しましょう。

本当に楽しかったです。 즐겁다(楽しい)

정말 즐거웠어요.
_{チョンマ}   _{チュ ゴ ウォッ ソ ヨ}
本当に   楽しかったです

정말 즐거웠어요.

元気でしたか？ 지내다(過ごす)

잘 지냈어요?
_{チャ} _{チ ネッ ソ ヨ}
よく   過ごしましたか

잘 지냈어요?

最前列は初めてでした。 처음(初めて)

제일 앞 자리는 처음이었어요.
_{チェイ} _{アp} _{チャ リ ヌン}   _{チョ ウ ミ オッ ソ ヨ}
一番   前の   席   は   初めて   でした

제일 앞 자리는 처음이었어요.

デビューのときからファンでした。

데뷔 때부터 팬이었어요.
_{テ ブィ} _{ッテ ブ ト}   _{ペ ニ オッ ソ ヨ}
デビュー   とき   から   ファン   でした

데뷔 때부터 팬이었어요.

答え ① 컸어요   ② 친구였어요   ③ 버렸어요   ④ 산이었어요

おさらい ② フレーズ⑭〜フレーズ㉔

(1) 日本語訳に合わせて<ruby>요<rt>ヨ</rt></ruby>体で書きましょう。

① 한국 요리를 (　　　　　　　　　　　). 韓国料理を食べたいです。 먹다 食べる

② 영화를 (　　　　　　　　　). 映画を見たいです。 보다 見る

(2) 次の (　　　) に入る最も適切なものを選びましょう。

① 편의점에서 물(　　　　　) 빵을 사요. コンビニで水とパンを買います。

② 책상 위에 컴퓨터(　　　　　) 서류가 있어요. 机の上にパソコンと書類があります。

a. 과	b. 와	c. 은

(3) 次の (　　　) に入る最も適切な助詞「〜で」を選びましょう。

① 도서관(　　　　　) 책을 읽어요. 図書館で本を読みます。

② 수영장(　　　　　) 수영을 해요. プールで水泳をします。

a. 하고	b. 이	c. 에서

(4) 次の文章を否定文に変えましょう。

① 먹어요 食べます　→(　　　　　　　　　) 食べません

② 비싸요 高いです　→(　　　　　　　　　) 高くないです

③ 공부해요 勉強します　→(　　　　　　　　　) 勉強しません

(5) 次の数字を韓国語の固有数詞で書きましょう。

① 16 (　　　　　)　② 47 (　　　　　)　③ 38 (　　　　　)

(6) 次の＿＿＿＿の韓国語を数字に変えて書きましょう。

① 일월 사일 여덟 시 십 분 ：＿＿＿월 ＿＿＿일 ＿＿＿시 ＿＿＿분
月　　日　　時　　分

② 팔월 삼십일 두 시 이십오 분 ：＿＿＿월 ＿＿＿일 ＿＿＿시 ＿＿＿분
月　　日　　時　　分

56

(7) （　　　　）にあてはまる疑問詞を次から選びましょう。

a. 얼마	b. 언제	c. 몇

① 모두 （　　　　）예요? 全部でいくらですか？

② 출발 시간은 （　　　　）시예요? 出発時間は何時ですか？

③ 콘서트는 （　　　　）예요? コンサートはいつですか？

(8) 次の単語を「(으)세요 〜てください」の形に変えましょう。

① 조심하다 (気を付ける) →（　　　　　　　　）気を付けてください

② 열다 (開ける) →（　　　　　　　　）開けてください

③ 읽다 (読む) →（　　　　　　　　）読んでください

④ 듣다 (聞く) →（　　　　　　　　）聞いてください

(9) 次の（　　　　）に入る最も適切なものを選びましょう。

① 저기요, 여기 맥주 한 병 （　　　　）! すみません、ここビール一本ください！

② 삼겹살도 3인분 （　　　　）. サムギョプサルも3人前ください。

a.주세요	b.주고 싶어요	c.줍니다

(10) 次の単語を「지 마세요 〜ないでください」の形に変えましょう。

① 뛰다 (走る) →（　　　　　　　　）走らないでください

② 가져가다 (持っていく) →（　　　　　　　　）持っていかないでください

(11) 次の単語を過去形にしましょう。

① 좋다 (よい) →（　　　　　　　　）よかったです

② 돕다 (手伝う) →（　　　　　　　　）手伝いました

③ 바쁘다 (忙しい) →（　　　　　　　　）忙しかったです

④ 공부하다 (勉強する) →（　　　　　　　　）勉強しました

解答 (1) ①먹고 싶어요 ②보고 싶어요→フレーズ14／P.34　(2) ①a ②b→フレーズ15／P.36　(3) ①c ②c→フレーズ16／P.38　(4) ①밥을 안 먹어요 ②안 비싸요 ③공부 안 해요→フレーズ17／P.40　(5) ①열여섯 ②마흔일곱 ③서른여덟→フレーズ18／P.42　(6) ①1 4 8 10 ②8 30 2 25→フレーズ19／P.44　(7) ①a ②c ③b→フレーズ20／P.46　(8) ①조심하세요 ②여세요 ③읽으세요 ④들으세요→フレーズ21／P.48　(9) ①a ②a→フレーズ22／P.50　(10) ①뛰지 마세요 ②가져가지 마세요→フレーズ23／P.52　(11) ①좋았어요 ②도왔어요 ③바빴어요 ④공부했어요→フレーズ24／P.54

動詞 **+ と**

その駅で 降りる と 近いです。

그 역에서 내리면 가까워요.
_{その　　駅　　で　　　降りると　　　近いです}

基本文型

| 動詞・形容詞(다の前にパッチムなし) | **+ 면** 〜と、たら、なら |

| 動詞・形容詞(다の前にパッチムあり) | **+ 으면** 〜と、たら、なら |

使い方 条件や仮定を表現する文法です。主に一般的なこと（例：春になると花が咲きます）や日常的なこと（例：帰ってきたら手を洗います）を表現したいときに使われます。動詞・形容詞の「다」の前の文字にパッチムがあるかないかで使い分けるほか、例外もあります。

- 내리다(降りる)など、「다」の前の文字にパッチムがない場合は「다」を取り、「면」を付ける
- 많다(多い)など、「다」の前の文字にパッチムがある場合は「다」を取り、「으면」を付ける
- 만들다(作る)など、「다」の前の文字のパッチムが「ㄹ」の場合は「으면」ではなく「면」を付ける(만들면)
- 듣다(聞く)など、「다」の前の文字のパッチムが「ㄷ」の場合は「ㄷ」を「ㄹ」に変えて「으면」を付ける(들으면)
- 돕다(手伝う)など、「다」の前の文字のパッチムが「ㅂ」の場合は「ㅂ」を取りパッチムがない形にして「우면」を付ける(도우면)

単語を入れかえてみよう！

● 動詞・形容詞の「다」の前の文字にパッチムがない場合

言う　　　　言うとわかります。
말하다 ➡ 말하면 알아요.
_{言う　　　言うと　　わかります}

● 動詞・形容詞の「다」の前の文字にパッチムがある場合

おいしい　　おいしかったら買ってください。
맛있다 ➡ 맛있으면 사세요.
_{おいしい　　おいしかったら　買ってください}

● 例外の3パターンの場合

大変だ　　　　大変なら言ってください。
힘들다 ➡ 힘들면 말하세요.
_{大変だ　　　大変なら　言ってください}

歩く　　歩くと遠いです。
걷다 ➡ 걸으면 멀어요.
_{歩く　　　歩くと　　遠いです}

辛い　　辛いなら食べないでください。
맵다 ➡ 매우면 먹지 마세요.
_{辛い　　　辛いなら　食べないでください}

問題 次の単語を「(으)면」の形に変えましょう。

ヒント▶動詞・形容詞の「다」の前の文字のパッチムあり・なしで変わります。例外に注意！

① 흐리다 ➡ (　　　　　　　　　　) ② 살다 ➡ (　　　　　　　　　　)
　フ リ ダ　　　　　　　　　　　　　　　サ ラ ダ
　曇る　　　　　　曇ると　　　　　　　　住む　　　　　住むと

③ 무겁다 ➡ (　　　　　　　　　　) ④ 맞다 ➡ (　　　　　　　　　　)
　ム ゴₚ タ　　　　　　　　　　　　　　　マッ タ
　重い　　　　　　重いと　　　　　　　　合う　　　　　合うと

━◦━ 練習 実際に書いて練習しましょう。

よかったらちょっと手伝ってください。 괜찮다(大丈夫だ、よい)
　　　　　　　　　　　　　　　　　　　クェンチャン タ
クェンチャ ヌ ミョン　チョm　ト ワ ジュ セ ヨ
괜찮으면 좀 도와주세요.
　大丈夫なら　　　ちょっと　　手伝ってください

괜찮으면 좀 도와주세요.

窓を開けたら海が見えます。 열다(開ける)
　　　　　　　　　　　　　　ヨ ダ
チャン ム ヌr ヨr ミョン パ ダ ガ ポ ヨ ヨ
창문을 열면 바다가 보여요.
　窓　　を　開けたら　海　が　　見えます

창문을 열면 바다가 보여요.

おなかいっぱいなら食べないでください。 배(가) 부르다(おなか〈が〉いっぱいだ)
　　　　　　　　　　　　　　　　　　　　ペ ガ　プ ル ダ
ペ ブ ル ミョン　ク マン モ グ セ ヨ
배부르면 그만 먹으세요.
　おなかいっぱいなら　それくらいで　食べてください

배부르면 그만 먹으세요.

答え ① 흐리면　② 살면　③ 무거우면　④ 맞으면
　　　　フ リ ミョン　サ ミョン　ム ゴ ウ ミョン　マ ジュ ミョン

動詞 ＋ます（未来形）

来年も韓国に 行き ます 。

내년에도 한국에 갈 거예요.

| 来年 | にも | 韓国 | に | 行きます |

基本文型

| 動詞（다の前にパッチムなし） | ＋ㄹ 거예요 〜ます、つもりです |
| 動詞（다の前にパッチムあり） | ＋을 거예요 〜ます、つもりです |

使い方 未来の計画や予定を表す表現です。日本語では未来と現在の表現が同じであることが多く、「最近よくドラマを見ます」も「これからドラマを見ます」も「見ます」です。しかし韓国語では未来のことは未来形にしないと不自然です。動詞の「다」の前の文字にパッチムがあるかないかで使い分けをするほか、例外もあります。

●가다（行く）など、「다」の前の文字にパッチムがない場合は「다」を取り「ㄹ 거예요」を付ける（갈 거예요）

●찍다（撮る）など、「다」の前の文字にパッチムがある場合は「다」を取り「을 거예요」を付ける（찍을 거예요）

●만들다（作る）など、「다」の前の文字のパッチムが「ㄹ」の場合は「다」を取り「거예요」を付ける（만들 거예요）

●듣다（聞く）など、「다」の前の文字のパッチムが「ㄷ」の場合は「다」を取り「ㄷ」を「ㄹ」に変えて「을 거예요」を付ける（들을 거예요）

●돕다（手伝う）など、「다」の前の文字のパッチムが「ㅂ」の場合は「ㅂ」と「다」を取り「울 거예요」を付ける（도울 거예요）

→ **単語を入れかえてみよう！**

●動詞の「다」の前の文字にパッチムがない場合

変える　　　変えます
바꾸다 ➡ 바꿀 거예요
変える　　変えます（変えるつもりです）

●動詞の「다」の前の文字にパッチムがある場合

食べる　　　食べます
먹다 ➡ 먹을 거예요
食べる　　　食べます（食べるつもりです）

●例外の3パターンの場合

住む　　　住みます
살다 ➡ 살 거예요
住む　　　住みます（住むつもりです）

歩く　　　歩きます
걷다 ➡ 걸을 거예요
歩く　　　歩きます（歩くつもりです）

拾う　　　拾います
줍다 ➡ 주울 거예요
拾う　　　拾います（拾うつもりです）

文法＋α プラスアルファ

「아마 多分」と一緒に使うと推測の意味を持つ文になります。（例：아마 추울 거예요 多分寒いでしょう／아마 안 갈 거예요 多分行かないと思います）

問題 次の動詞を未来形に変えましょう。

ヒント▶動詞・形容詞の「다」の前の文字のパッチムあり・なしで変わります。例外に注意！

① 자다 ➡（ 　　　　　　　　　　 ）
寝る　　　寝ます（寝るつもりです）

② 찾다 ➡（ 　　　　　　　　　　 ）
探す　　　探します（探すつもりです）

③ 굽다 ➡（ 　　　　　　　　　　 ）
焼く　　　焼きます（焼くつもりです）

④ 걸다 ➡（ 　　　　　　　　　　 ）
かける　　　かけます（かけるつもりです）

●━ **練習**　実際に書いて練習しましょう。

推しのポップアップストアに行きます。　가다(行く)

최애 팝업스토어에 갈 거예요.
推し　　ポップアップストア　　に　　行きます（行くつもりです）

최애 팝업스토어에 갈 거예요.

本を読みます。　읽다(読む)

책을 읽을 거예요.

책을 읽을 거예요.
本　　を　　読みます（読むつもりです）

友達の家で遊びます。　놀다(遊ぶ)

친구 집에서 놀 거예요.
友達　　家　　で　　遊びます（遊ぶつもりです）

친구 집에서 놀 거예요.

ファンレターを書きます。　쓰다(書く)

팬레터를 쓸 거예요.

팬레터를 쓸 거예요.
ファンレター　　を　　書きます（書くつもりです）

答え ① 잘 거예요　② 찾을 거예요　③ 구울 거예요　④ 걸 거예요

名詞 + で

カカオトーク で 連絡してください。

카톡으로 연락하세요.
_{カ　ト　グ　ロ　　　ヨ　ラ　カ　セ　ヨ}

カカオトーク　　　で　　　　　　連絡してください

基本文型

| 名詞（パッチムなし） | ＋ 로 ～で |
| 名詞（パッチムあり） | ＋ 으로 ～で |

使い方 ある行動の手段や、道具になる名詞に付く助詞です。「가위로 잘라요 はさみで切ります」などのように名詞のあとに付けて使います。「에서」（P.38）も日本語では「～で」と訳しますが、「에서」は「家で」「会社で」など、場所を示す助詞なのでしっかり区別をして使いましょう。また、名詞の最後の文字にパッチムがあるかないかで使い分けるほか、例外もあります。

● 카메라（カメラ）など、最後の文字にパッチムがない場合は「로」を付ける
● 숟가락（スプーン）など、最後の文字にパッチムがある場合は「으로」を付ける
● 물（水）など、最後の文字のパッチムが「ㄹ」の場合は「로」を付ける

→ 単語を入れかえてみよう！

● 名詞の最後の文字にパッチムがない場合

日本語で歌います。

일본어로 노래해요.
_{イ　ボ　ノ　ロ　　ノ　レ　ヘ　ヨ}

日本語　で　　歌います

● 名詞の最後の文字にパッチムがある場合

花で飾ります。

꽃으로 장식해요.
_{ッコチュ　ロ　チャン　シ　ケ　ヨ}

花　　で　　　飾ります

● 名詞の最後の文字のパッチムが「ㄹ」の場合

メールで連絡します。

메일로 연락해요.
_{メ　イ　ロ　　ヨ　ラ　ケ　ヨ}

メール　で　　連絡します

文法＋α

「(으)로 ～で」はいろいろな意味を持つ助詞です。手段・道具に使われるほか、方向（例：2층으로 가세요 2階へ行ってください）、変化（例：버스로 갈아타요 バスに乗り換えます）、選択（例：그걸로 할게요 それにします）などの意味もあります。

問題 次の名詞に手段・道具の意味の助詞「로/으로」を付けましょう。

ヒント▶名詞の最後の文字のパッチムあり・なしで変わります。例外に注意！

① 운동 (ウンドン) (　　　　　　　　　)
運動　　　　　　　　　　で

② 팔 (パ^r) (　　　　　　　　　)
腕　　　　　　　　で

③ 눈 (ヌン) (　　　　　　　　　)
雪　　　　　　　　　で

④ 고기 (コギ) (　　　　　　　　　)
肉　　　　　　　　　で

練習 実際に書いて練習しましょう。

インターネットで買い物します。

인터넷으로 쇼핑해요.

インターネット　　で　　　買い物します

인터넷으로 쇼핑해요.

韓国語でコメントを残しました。

한국어로 댓글을 남겼어요.

韓国語　　で　　コメント　を　　　残しました

한국어로 댓글을 남겼어요.

スプーンでご飯を食べます。

숟가락으로 밥을 먹어요.

スプーン　　で　　ご飯　を　　食べます

숟가락으로 밥을 먹어요.

答え ① 으로　② 로　③ 으로　④ 로

動詞＋て

映画を 見 てコーヒーを飲みました。

ヨン ファ ルr ポ ゴ コ ピ ルr マ ショッ ソ ヨ
영화를 보고 커피를 마셨어요.
映画　　を　　　　見て　　コーヒー　　を　　　　　飲みました

基本文型

動詞・形容詞	＋ 고 (コ)	～て、で、し
名詞（パッチムなし）	＋ 고 (コ)	～で、だし
名詞（パッチムあり）	＋ 이고 (イゴ)	～で、だし

使い方　2つ以上の文章をつなげる表現です。「손을 씻고 밥을 먹어요 手を洗ってご飯を食べます」のように時間的な順序を表す場合のほか、「키도 크고 체격도 좋아요 背も高いし体格もいいです」のように時間と関係なく羅列するだけのときにも使います。

●動詞と形容詞はパッチムの有無に関係なく、「다」を取って「고」を付ける
●名詞は「카메라 カメラ」のように最後の文字にパッチムがない場合は「고」を付ける
●名詞は「숟가락 スプーン」のように最後の文字にパッチムがある場合は「이고」を付ける

→ 単語を入れかえてみよう！

●時間的な順序を表す場合（動詞・形容詞）
地下鉄に乗って会社に行きます。
チ ハ チョルr タ ゴ フェサ エ カ ヨ
지하철을 타고 회사에 가요.
地下鉄　　を　　乗って　会社　に　行きます

●羅列をする場合（動詞・形容詞）
彼女は親切で賢いです。
ク ニョヌン チンジョラ ゴ ヨンニ ヘ ヨ
그녀는 친절하고 영리해요.
彼女　は　　　親切で　　　賢いです

●名詞の最後の文字にパッチムがない場合
彼は後輩で彼女は先輩です。
クヌン フ ベ ゴ クニョヌン ソンベ エ ヨ
그는 후배고 그녀는 선배예요.
彼　は　後輩　で　彼女　は　先輩　　です

●名詞の最後の文字にパッチムがある場合
これは花で、私のものです。
イ ゴ スン ッコ チ ゴ チェ ゴ シ エ ヨ
이것은 꽃이고 제 것이에요.
これ　は　花　で　私の　もの　　です

問題 次の名詞・動詞・形容詞を「고」の形に変えましょう。

ヒント▶名詞（①、②）の場合は最後の文字のパッチムのあり・なしで変わります。

① ^{ネ イ r}
내일 ➡（　　　　　　　　　）
明日　　　　　　明日で、明日だし

② ^{パ ダ}
바다 ➡（　　　　　　　　　）
海　　　　　　海で、海だし

③ ^{カ ダ}
가다 ➡（　　　　　　　　　）
行く　　　　　行って

④ ^{ノ r タ}
넓다 ➡（　　　　　　　　　）
広い　　　　　広くて

●🎸 **練習** 実際に書いて練習しましょう。

電源をつけてインターネットに接続してください。 ^{キョダ}켜다（つける）

^{チョヌォヌr} ^{キョ ゴ} ^{イ ン ト ネ} ^セ ^{チョp ソ カ セ ヨ}
전원을 켜고 인터넷에 접속하세요.
電源　を　　つけて　インターネット　に　　　接続してください

전원을 켜고 인터넷에 접속하세요.

これはお酒でそれは水です。

^{イ ゴ スン} ^{ス リ ゴ} ^{ク ゴ スン} ^{ム リ エ ヨ}
이것은 술이고 그것은 물이에요.
これ　は　お酒　で　　それ　は　水　です

이것은 술이고 그것은 물이에요.

肌もきれいでハンサムです。 ^{ピ ブ ガ チョタ}피부가 좋다（肌がきれいだ）

^{ピ ブ ド} ^{チョ コ} ^{チャr センギョッ ソ ヨ}
피부도 좋고 잘생겼어요.
肌　も　きれいで　　ハンサムです

피부도 좋고 잘생겼어요.

答え ① ^{ネイリゴ}내일이고　② ^{バダゴ}바다고　③ ^{カゴ}가고　④ ^{ノrゴ}넓고

動詞 ＋ なければなりません

早く 起き なければなりません 。

（イ ㇽ ッチ）（ギ ロ ナ ヤ ドゥェ ヨ）
일찍 일어나야 돼요.

早く　　　　　　起きなければなりません

基本文型

動詞の요体（요を取って） ＋ **야 돼요**（ヤ ドゥェ ヨ）〜なければなりません

💭 **使い方**　義務的な行為を表す表現です。行為なので主に動詞を用います。動詞を요体（P.26）にして「요」を取ってから「야 돼요」を付けます。

●일어나다 起きる → 일어나요 起きます → 일어나+야 돼요 → 일어나야 돼요 起きなければなりません

「야 돼요」の原形は「야 되다 〜なければならない」です。「야 되다 〜なければならない」を니다体（P.16）の形にするときは、「야 되다」の語末の「다」を取り、「ㅂ니다」を付けて「일어나야 됩니다 起きなければなりません」のように活用します。

→ **単語を入れかえてみよう！**

●動詞に「야 되다」を付け요体にする場合
（ッスダ）　（ッソ ヨ）　（ッソ ヤ ドゥェ ヨ）
쓰다 ➡ 써요 ➡ 써+야 돼요
書く　　書きます

（ッソ ヤ ドゥェ ヨ）
➡ 써야 돼요
書かなければなりません

●動詞に「야 되다」を付け니다体にする場合
（パックダ）　（パックォ ヨ）　（パックォ ヤ ドゥェm ニ ダ）
바꾸다 ➡ 바꿔요 ➡ 바꿔+야 됩니다
変える　　　変えます

（パックォ ヤ ドゥェm ニ ダ）
➡ 바꿔야 됩니다
変えなければなりません

文法＋α（プラスアルファ）

「야 돼요」と同じ意味で使う表現に「아/어야 해요」もあります。「야 돼요」は「아홉 시까지 회사에 가야 돼요 9時までに会社に行かなければなりません」といった、自分の意思というよりはそうするしかない場合に、「해요」は「건강을 생각하면 운동을 해야 해요 健康を考えると運動をしなければなりません」といった、自ら決めた義務というニュアンスの場合に使います。ただ、実際はその区別なく使われることが多いです。

問題 次の動詞を「〜なければなりません」(요体)に変えましょう。

ヒント▶まず、動詞の「요体」への活用が必要です。

① 기다리다 ➡ (　　　　　　　　　　　)
待つ　　　　　　待たなければなりません

② 공부하다 ➡ (　　　　　　　　　　　　)
勉強する　　　　　勉強しなければなりません

③ 찍다 ➡ (　　　　　　　　)
撮る　　　　撮らなければなりません

④ 만나다 ➡ (　　　　　　　　　)
会う　　　　会わなければなりません

練習 実際に書いて練習しましょう。

スケジュールを組まなければなりません。　짜다(組む)

스케줄을 짜야 돼요.
スケジュール　を　　組まなければなりません

스케줄을 짜야 돼요.

早く予約しなければなりません。　예약하다(予約する)

빨리 예약해야 해요.
早く　　　予約しなければなりません

빨리 예약해야 해요.

握手会までにやせなければなりません。　살을 빼다(やせる、ダイエットをする)

악수회까지 살을 빼야 돼요.
握手会　　までに　　やせなければなりません

악수회까지 살을 빼야 돼요.

掛け声を覚えなければなりません。　외우다(覚える)

응원법을 외워야 해요.
応援の方法　　を　　覚えなければなりません

응원법을 외워야 해요.

答え ① 기다려야 돼요　② 공부해야 돼요　③ 찍어야 돼요　④ 만나야 돼요

67

形容詞 + なので

おいしい ので たくさん食べました。

맛있어서 많이 먹었어요.
マシッソソ　　　マニ　　モゴッソヨ

おいしいので　　　たくさん　　　食べました

基本文型

動詞・形容詞の요体(요を取って)	＋ 서	～ので、から

ヨ　　　　　　　　　　ソ

名詞(パッチムなし)	＋ 라서	～なので、だから

ラ ソ

名詞(パッチムあり)	＋ 이라서	～なので、だから

イ ラ ソ

使い方 前の節が後ろの節の理由や原因であることを表現します。話者の意見や意志が強く表れるフレーズにはあまり使われません。動詞・形容詞は요体（P.26）にして「요」を取ってから「서」を付けます。

●맛있다 おいしい → 맛있어요 おいしいです → 맛있어＋서 → 맛있어서 おいしいので

名詞に付ける場合は最後の文字にパッチムがあるかないかで次のように使い分けます。
●엄마(お母さん)など、最後の文字にパッチムがない名詞には「라서」を付ける
●학생(学生)など、最後の文字にパッチムがある名詞には「이라서」を付ける

→ 単語を入れかえてみよう！

●動詞・形容詞の場合

お酒を飲んだから酔いました。

술을 마셔서 취했어요.
スルr マショソ チュィヘッソヨ

お酒 を 飲んだから 酔いました

●名詞の最後の文字にパッチムがない場合

人気店だから待ちました。

인기 가게라서 기다렸어요.
インキ カゲラソ キダリョッソヨ

人気 店 だから 待ちました

●名詞の最後の文字にパッチムがある場合

教室だから静かにしなければなりません。

교실이라서 조용히 해야 해요.
キョシリラソ チョヨンヒ ヘヤ ヘヨ

教室 だから 静かに しなければなりません

文法＋α

話者の意見や意志が強く表れる命令(P.48)、勧誘(P.72)の表現は「아/어서」のあとに付けることができません。また、「好きだったので」のように前の節が過去のことを表す場合でも、現在形に「서」を付けます。
좋아했어서(過去形)× 좋아해서(現在形)○
좋아해서 자주 갔어요 好きだったのでよく行きました

問題 次の単語を「〜だから、なので」の意味に変えましょう。

ヒント▶動詞・形容詞はまず「요体」の活用にします。名詞は最後の文字のパッチムのあり・なしで変わります。

① 시장 ➡(　　　　　　　　　　) ② 크다 ➡(　　　　　　　　　　　　)

市場　　　　　　市場だから　　　　　　　大きい　　　　　大きいから

③ 따라 하다 ➡(　　　　　　　) ④ 타다 ➡(　　　　　　　　　　)

まねする　　　　まねするから　　　　　　乗る　　　　　乗るから

◆◇ **練習** 実際に書いて練習しましょう。

元々俳優なので演技も上手です。

원래 배우라서 연기도 잘해요.

元々　　俳優　　なので　　演技　　も　　上手です

원래 배우라서 연기도 잘해요.

試験だから勉強しました。

시험이라서 공부했어요.

試験　　　だから　　　勉強しました

시험이라서 공부했어요.

雪が降るから渋滞するでしょう。 눈이 오다(雪が降る)

눈이 와서 길이 막힐 거예요.

雪　　が　　降るから　　　　道がふさがるでしょう

눈이 와서 길이 막힐 거예요.

答え ① 시장이라서　② 커서　③ 따라 해서　④ 타서

動詞 ＋ れます

一人で 行け ます。

혼자서 갈 수 있어요.

一人で　　　　　　行けます

基本文型

動詞(다の前にパッチムなし)	＋ ㄹ 수 있어요/없어요	～(ら)れます・(ら)れません
動詞(다の前にパッチムあり)	＋ 을 수 있어요/없어요	～(ら)れます・(ら)れません

使い方　可能・不可能を表す表現です。可能なら「(으)ㄹ 수 있어요」を、不可能ならば「(으)ㄹ 수 없어요」を、動詞のあとに付けて使います。動詞の「다」の前の文字にパッチムがあるかないかで使い分けをします。

● 가다(行く)など、「다」の前の文字にパッチムがない場合は「다」を取り「ㄹ 수 있어요/없어요」を付ける

● 찾다(探す)など、「다」の前の文字にパッチムがある場合は「다」を取り「을 수 있어요/없어요」を付ける

また、「다」の前のパッチムの種類によって例外もあります。

● 만들다(作る)など「ㄹ」なら「다」を取り「수 있어요/없어요」を付ける(만들 수 있어요/없어요)

● 듣다(聞く)など「ㄷ」なら「다」を取り「ㄷ」を「ㄹ」に変えて「을 수 있어요/없어요」を付ける(들을 수 있어요/없어요)

● 돕다(手伝う)など「ㅂ」なら「다」と「ㅂ」を取り「울 수 있어요/없어요」を付ける(도울 수 있어요/없어요)

→ **単語を入れかえてみよう！**

● 動詞の「다」の前の文字にパッチムがない場合

変える　　　　変えられます　　　　　変えられません

바꾸다 ➡ 바꿀 수 있어요 / 바꿀 수 없어요

変える　　　　　　変えられます　　　　　　変えられません

● 動詞の「다」の前の文字にパッチムがある場合

食べる　　　　食べられます　　　　　食べられません

먹다 ➡ 먹을 수 있어요 / 먹을 수 없어요

食べる　　　　　　食べられます　　　　　食べられません

問題 次の動詞を「〜(ら)れます」または「〜(ら)れません」の形に変えましょう。

ヒント▶パッチムあり・なしで変わります。例外もあります。

① 타다 ➡ (　　　　　　　　　　　)
   タ ダ
   乗る　　　　　　　乗れます

② 묻다 ➡ (　　　　　　　　　　　)
   ムッ タ
   問う　　　　　　　問えます

③ 찍다 ➡ (　　　　　　　　　　　)
   ッチk タ
   撮る　　　　　　　撮れません

④ 놀다 ➡ (　　　　　　　　　　　)
   ノr ダ
   遊ぶ　　　　　　　遊べません

●➡ **練習** 実際に書いて練習しましょう。

ピアノ弾けますか？ 치다(弾く)
　　　　　　　　　 チ ダ

피아노 칠 수 있어요?
ピ ア ノ　チ ル ス イッ ソ ヨ
　ピアノ　　　　弾けますか

피아노 칠 수 있어요?

内緒なので言えません。 말하다(言う)
　　　　　　　　　　　 マ ラ ダ

비밀이라서 말할 수 없어요.
ピ ミ リ ラ ソ　マ ラ r ス オp ソ ヨ
秘密　　なので　　　　言えません

비밀이라서 말할 수 없어요.

思いっきり笑えます。 웃다(笑う)
　　　　　　　　　　 ウッ タ

마음껏 웃을 수 있어요.
マ ウm ッコッ　ウ ス r ス イッ ソ ヨ
　思いっきり　　　笑えます

마음껏 웃을 수 있어요.

答え ① 탈 수 있어요　② 물을 수 있어요　③ 찍을 수 없어요　④ 놀 수 없어요
タ r ス イッ ソ ヨ　　ム ルr ス イッ ソ ヨ　　ッチ グr ス オp ソ ヨ　　ノ r ス オp ソ ヨ

動詞 ＋ ましょうか？

江南で 会い ましょうか？

강남에서 만날까요?

강남에서 — 江南 — で
만날까요? — 会いましょうか

基本文型

動詞(다の前にパッチムなし)	＋ ㄹ까요?	〜ましょうか？
動詞(다の前にパッチムあり)	＋ 을까요?	〜ましょうか？

使い方

意向や意見を相手にたずねるときに使います。「같이/함께 一緒に」などの副詞と一緒に使われることが多いです。動詞の「다」の前の文字にパッチムがあるかないかで使い分けるほか、例外もあります。

- 만나다(会う)など、「다」の前の文字にパッチムがない動詞は「다」を取り「ㄹ까요?」を付ける
- 찾다(探す)など、「다」の前の文字にパッチムがある動詞は「다」を取り「을까요?」を付ける
- 만들다(作る)など、「다」の前の文字のパッチムが「ㄹ」なら「다」を取り「까요?」を付ける(만들까요?)
- 듣다 (聞く)など、「다」の前の文字のパッチムが「ㄷ」なら「다」を取って「ㄷ」を「ㄹ」に変えて「을까요?」を付ける(들을까요?)
- 돕다(手伝う)など、「다」の前の文字のパッチムが「ㅂ」なら「다」と「ㅂ」を取り「울까요?」を付ける(도울까요?)

→ **単語を入れかえてみよう！**

● 動詞の「다」の前の文字に
パッチムがない場合

変える　　　変えましょうか？
바꾸다 ➡ 바꿀까요?
変える　　　変えましょうか

● 動詞の「다」の前の文字に
パッチムがある場合

食べる　　食べましょうか？
먹다 ➡ 먹을까요?
食べる　　　食べましょうか

● パッチムがある場合の例外3パターン

住む　　　　住みましょうか？
살다 ➡ 살까요?
住む　　　　住みましょうか

歩く　　　　歩きましょうか？
걷다 ➡ 걸을까요?
歩く　　　　歩きましょうか

拾う　　　　拾いましょうか？
줍다 ➡ 주울까요?
拾う　　　　拾いましょうか

次の動詞を「～ましょうか？」の形に変えましょう。

ヒント▶動詞の「다」の前の文字のパッチムあり・なしで変わります。例外に注意！

① 자르다 ➡（　　　　　　　　　　）　② 묻다 ➡（　　　　　　　　　　　　）
　チャ ル ダ
　　切る　　　　　　切りましょうか　　　　ムッ タ　　　問う　　　　　　問いましょうか

③ 신다 ➡（　　　　　　　　　　）　④ 팔다 ➡（　　　　　　　　　　　　）
　シン タ
　　履く　　　　　　履きましょうか　　　　パ ル ダ　　　売る　　　　　　売りましょうか

🔑 練習　実際に書いて練習しましょう。

窓を開けましょうか？　열다(開ける)　ヨ ル ダ
창문을 열까요?
チャン ム ヌ ル　ヨ ル ッカ ヨ
　窓　　を　　開けましょうか

창문을 열까요?

私が予約しましょうか？　예약하다(予約する)　イェ ヤ カ ダ
제가 예약할까요?
チェ ガ　イェ ヤ カ ル ッカ ヨ
　私　が　　　予約しましょうか

제가 예약할까요?

一緒にプラカードを作りましょうか？　만들다(作る)　マン ドゥ ル ダ
같이 플래카드를 만들까요?
カ チ　プ レ カ ドゥ ル r　マン ドゥ ル ッカ ヨ
　一緒に　　プラカード　を　　作りましょうか

같이 플래카드를 만들까요?

空港までタクシーに乗りましょうか？　타다(乗る)　タ ダ
공항까지 택시를 탈까요?
コン ハン ッカ ジ　テ ク シ ル r　タ ル ッカ ヨ
　空港　まで　タクシー　を　乗りましょうか

공항까지 택시를 탈까요?

答え ① 자를까요? チャ ル ッカ ヨ　② 물을까요? ム ル r ッカ ヨ　③ 신을까요? シ ヌ r ッカ ヨ　④ 팔까요? パ ル ッカ ヨ

73

形容詞の連体形

かわいい メンバーが多いです。

예쁜 멤버가 많아요.
イェップン　　メmボガ　　　　マナヨ

かわいい　　　　メンバー　　が　　　　多いです

基本文型

形容詞（다の前にパッチムなし）	＋ ㄴ　〜い、な
形容詞（다の前にパッチムあり）	＋ 은　〜い、な

使い方　名詞を修飾するときの形容詞の形を学びます。「다」の前の文字にパッチムがあるかない
かで使い分けをするほか、例外もあります。

● 예쁘다（かわいい）など、「다」の前の文字にパッチムがない形容詞は「다」を取り最後の
文字にパッチムとして子音「ㄴ」を付ける
● 작다（小さい）など、「다」の前の文字にパッチムがある形容詞は「다」を取り「은」を付ける
● 길다（長い）など、「다」の前の文字のパッチムが「ㄹ」の場合は「다」を取り「ㄹ」の代
わりにパッチムとして子音「ㄴ」を付ける（긴）
● 덥다（暑い）など、「다」の前の文字のパッチムが「ㅂ」の場合は「다」を取り「ㅂ」の代
わりに「운」を付ける（더운）
● 맛있다（おいしい）/ 맛없다（おいしくない）など、있다（ある・いる）、없다（ない・いない）で
終わる形容詞の場合は、「다」を取って「는」を付ける（맛있는 / 맛없는）

→ **単語を入れかえてみよう！**

● 形容詞の「다」の前の文字にパッチムがない場合

暖かい　　　　　　　暖かい部屋
ッタットゥタ　ダ　　　　ッタットゥタン　バン
따뜻하다 ➡ 따뜻한 방
暖かい　　　　　　　暖かい　　部屋

● 形容詞の「다」の前の文字にパッチムがある場合

多い　　　　　　多い料理
マンタ　　　　　マヌン　ニョリ
많다 ➡ 많은 요리
多い　　　　　　多い　　　料理

● パッチムがある場合の例外3パターン

① 遠い　　　　　遠い距離
モ r ダ　　　　モン　ゴ リ
멀다 ➡ 먼 거리
遠い　　　　　遠い　　距離

③ 面白い　　　　　　面白い映画
チェ ミ イッタ　　　　チェ ミ インヌン　ニョンファ
재미있다 ➡ 재미있는 영화
面白い　　　　　　面白い　　　映画

② 辛い　　　　　辛い食べ物
メ プ タ　　　　マ ウン　ヌmシk
맵다 ➡ 매운 음식
辛い　　　　　辛い　　食べ物

面白くない　　　　　面白くない映画
チェ ミ オプタ　　　　チェ ミ omヌン　ニョンファ
재미없다 ➡ 재미없는 영화
面白くない　　　　面白くない　　　映画

問題 次の形容詞を連体形に変えましょう。

ヒント▶形容詞の「다」の前の文字のパッチムのあり・なしで変わります。例外に注意！

① ピッサダ
비싸다➡(   ) 재료
（値段が）高い　　　　高い　　　　材料

② チョタ
좋다➡(   ) 드라마
よい　　　　よい　　　　ドラマ

③ オリョpタ
어렵다➡(   ) 문제
難しい　　　　難しい　　　　問題

④ マシッタ
맛있다➡(   ) 과자
おいしい　　　　おいしい　　　　お菓子

🎤 練習 実際に書いて練習しましょう。

かかとが低い靴ありますか？ 낮다(低い)

굽이 낮은 구두 있어요 ?
かかと　が　低い　靴　ありますか

굽이 낮은 구두 있어요?

短い髪のメンバーが私の推しです。 짧다(短い)

짧은 머리 멤버가 제 최애예요.
短い　髪の　メンバー　が　私の　推し　です

짧은 머리 멤버가 제 최애예요.

格好いいダンスを見ました。 멋있다(格好いい)

멋있는 춤을 봤어요.
格好いい　ダンス　を　見ました

멋있는 춤을 봤어요.

答え ① 비싼　② 좋은　③ 어려운　④ 맛있는

おさらい ③ フレーズ㉕〜フレーズ㉝

(1) （　　　）に入る単語を「〜と、たら、なら」の意味の「(으)면」に変えましょう。

① 한국에 （　　　　　　）쇼핑을 하고 싶어요. 가다 行く
韓国に行ったらショッピングをしたいです。

② （　　　　　　）에어컨을 켜세요. 덥다 暑い
暑かったらエアコンをつけてください。

(2) 次の単語を未来形にしましょう。

① 가르치다 (教える)　→（　　　　　　　　　　） 教えるつもりです
② 먹다 (食べる)　　　→（　　　　　　　　　　） 食べるつもりです
③ 살다 (住む)　　　　→（　　　　　　　　　　） 住むつもりです

(3) 次の（　　　）に入る最も適切な助詞「〜で」を選びましょう。

① 한국 친구와 메일（　　　）연락해요. 韓国の友達とメールで連絡します。
② 수첩에 볼펜（　　　）메모해요. 手帳にボールペンでメモします。

a. 에서	b. 로	c. 으로

(4) （　　　）に入る単語を「〜て、で、し」の意味の「고」に変えましょう。

① 이 식당은 （　　　　　　）싸요. 맛있다 おいしい
この食堂はおいしくて安いです。

② 언니는 （　　　　　　）저는 학생이에요. 회사원 会社員
姉は会社員でわたしは学生です。

(5) 次の（　　　）に入る最も適切なものを選びましょう。

① 한국에서 취직하고 싶으면 한국말을 （　　　　　）. 잘하다 うまくする
韓国で就職したかったら韓国語をうまくしなければなりません。

a. 잘해야 돼요	b. 잘했어요	c. 잘할 거예요

② 일이 있어서 지금 （　　　　　）. 돌아가다 帰る
用事があって今帰らなければなりません。

a. 돌아가세요	b.돌아가야 돼요	c. 돌아갔어요

(6) （　　　　　）に入る単語を理由を表す「아/어서」に変えましょう。

① 텔레비전이 （　　　　　　　） 스마트폰으로 뉴스를 봐요.　없다 ない
テレビがないのでスマートフォンでニュースを見ます。

② 차가 （　　　　　　　） 지하철로 갔어요.　고장 나다 故障する
車が故障したので地下鉄で行きました。

③ 아침 （　　　　　　　） 일찍 일어나야 돼요.　비행기 飛行機
朝の飛行機なので早く起きなければなりません。

(7) 次の文を可能・不可能を表す「(으)ㄹ 수 있어요/없어요」の形に変えましょう。

① 스키를 타다　　　→（　　　　　　　　　　）.
スキーをする　　　　　　　スキーができます。

② 한국 요리를 만들다　→（　　　　　　　　　　）.
韓国料理を作る　　　　　　韓国料理が作れません。

(8) 次の単語を「〜しましょうか？」の意味の「(으)ㄹ까요?」の形に変えましょう。

① 가다 (行く)　　　　→（　　　　　　　）? 行きましょうか？
② 듣다 (聞く)　　　　→（　　　　　　　）? 聞きましょうか？
③ 돕다 (手伝う)　　　→（　　　　　　　）? 手伝いましょうか？
④ 먹다 (食べる)　　　→（　　　　　　　）? 食べましょうか？

(9) 次の形容詞を連体形にして（　　　）に書きましょう。

① （　　　　　）집 大きい家　크다 大きい
② （　　　　　）산 高い山　높다 高い
③ （　　　　　）옷 汚れた服　더럽다 汚い、汚れている

解答 (1) ①가면 ②더우면→フレーズ25／P.58 (2) ①가르칠 거예요 ②먹을 거예요 ③살 거예요→フレーズ26／P.60 (3) ①b ②c→フレーズ27／P.62 (4) ①맛있고 ②회사원이고→フレーズ28／P.64 (5) ①a ②b→フレーズ29／P.66 (6) ①없어서 ②고장 나서 ③비행기라서→フレーズ30／P.68 (7) ①스키를 탈 수 있어요 ②한국 요리를 만들 수 없어요→フレーズ31／P.70 (8) ①갈까요 ②들을까요 ③도울까요 ④먹을까요→フレーズ32／P.72 (9) ①큰 ②높은 ③더러운→フレーズ33／P.74

77

動詞の連体形（現在 ～する）

今　行く　ところは梨泰院です。

지금 가는 곳은 이태원이에요.
<small>チグm カ ヌン ゴ スン イ テ ウォ ニ エ ヨ</small>

今　行く　ところ　は　梨泰院　です

基本文型

動詞 ＋ 는 ～している、する
（ヌン）

💭 **使い方**　動詞で名詞を修飾するときの表現です。現在の行動を表すので「지금 今」、「요즘 最近」、「자주 よく」などの単語と一緒に使うことが多いです。基本的には「다」の前の文字のパッチムの有無に関係なく、語末の「다」を取って「는」を付けます。ただし、「다」の前のパッチムが「ㄹ」の場合は「ㄹ」を取って「는」を付けます。

- 가다 行く＋곳 ところ → 가＋는 ＋곳 → 가는 곳 行くところ
- 팔다 売る＋물건 もの → 파＋는＋물건 → 파는 물건 売るもの

↪ **単語を入れかえてみよう！**

●基本の動詞の場合

終わる　　　終わる時間は3時です。

끝나다 ➡ 끝나는 시간은 세 시입니다.
<small>ックン ナ ダ　　ックン ナ ヌン　シ ガ ヌン　セ　シ イm ニ ダ</small>

終わる　　　終わる　時間　は　3　時　です

探す　　　探している人がいます。

찾다 ➡ 찾는 사람이 있어요.
<small>チャッ タ　チャン ヌン　サ ラ ミ　イッ ソ ヨ</small>

探す　　　探す　人　が　います

●動詞「다」の前のパッチムが「ㄹ」の例外パターン

吹く　　　吹く風が冷たいです。

불다 ➡ 부는 바람이 차가워요.
<small>プ r ダ　プ ヌン　バ ラ ミ　チャ ガ ウォ ヨ</small>

吹く　　　吹く　風　が　冷たいです

問題 次の動詞を連体形(現在 ～している、する)に変えましょう。

ヒント▶ 「다」の前のパッチム「ㄹ」に注意しましょう。例外に注意！

① 타다➡(   ) 곳
乗る　　　　乗る　　　ところ

② 읽다➡(   ) 책
読む　　　　読む　　　本

③ 살다➡(   ) 집
住む　　　　住む　　　家

④ 살이 찌다➡(   ) 이유
太る　　　　　　太る　　　理由

●━ **練習** 実際に書いて練習しましょう。

元気が出る歌です。　기운이 나다(元気が出る)

기운이 나는 노래예요.
元気　　が　　出る　　歌　　です

기운이 나는 노래예요.

好きな歌手いますか？　좋아하다(好きだ)

좋아하는 가수 있어요?
好きな　　歌手　　いますか

좋아하는 가수 있어요?

最近見ているドラマは何ですか？　보다(見る)

요즘 보는 드라마는 뭐예요?
最近　　見る　　ドラマ　は　　何ですか

요즘 보는 드라마는 뭐예요?

答え ① 타는　② 읽는　③ 사는　④ 살이 찌는

動詞の連体形（過去 ～した）

昨日　行った　ところは景福宮です。

어제 간 곳은 경복궁이에요.

オジェ	ガン	ゴ スン	キョンボkクンイエヨ
昨日	行った	ところ	は	景福宮	です

基本文型

動詞(다の前にパッチムなし)	＋ **ㄴ** ～した
動詞(다の前にパッチムあり)	＋ **은** ～した

使い方　過去の行動として動詞で名詞を修飾するときの表現です。「어제 昨日」、「아까 さっき」、「예전에 以前」など、過去を表す表現と一緒に使うことが多いです。動詞の「다」の前の文字にパッチムがあるかないかで使い分けするほか、例外もあります。

- 가다(行く)など、「다」の前の文字にパッチムがない場合は「다」を取り最後の文字に「ㄴ」をパッチムとして付ける
- 찾다(探す)など、「다」の前の文字にパッチムがある場合は「다」を取り「은」を付ける
- 만들다(作る)など、「다」の前の文字のパッチムが「ㄹ」の場合は「다」を取り「ㄹ」を「ㄴ」に変える(만든)
- 묻다(問う)など、「다」の前の文字のパッチムが「ㄷ」の場合は「다」を取り「ㄷ」を「ㄹ」に変えて「은」を付ける(물은)
- 돕다(手伝う)など、「다」の前の文字のパッチムが「ㅂ」の場合は「다」と「ㅂ」を取り「운」を付ける(도운)

→ **単語を入れかえてみよう！**

●動詞の「다」の前の文字にパッチムがない場合

見る　　　見た映画
보다 ➡ 본 영화
見る　　見た　映画

●動詞の「다」の前の文字にパッチムがある場合

食べる　　食べた料理
먹다 ➡ 먹은 요리
食べる　　食べた　料理

●パッチムがある場合の例外3パターン

住む　　　住んだ町
살다 ➡ 산 동네
住む　　住んだ　町

歩く　　　歩いた時間
걷다 ➡ 걸은 시간
歩く　　歩いた　時間

拾う　　　拾ったもの
줍다 ➡ 주운 것
拾う　　拾った　もの

問題 次の動詞を連体形（過去 ～した）に変えましょう。

ヒント▶ 「다」の前のパッチムあり・なしに注意しましょう。例外に注意！

① 타다 ➡（　　　　　）곳
乗る　　　　乗った　　ところ

② 읽다 ➡（　　　　　）책
読む　　　　読んだ　　本

③ 놀다 ➡（　　　　　）사람
遊ぶ　　　　遊んだ　　人

④ 듣다 ➡（　　　　　）이야기
聞く　　　　聞いた　　話

練習 実際に書いて練習しましょう。

これが昨日買った雑誌です。　사다(買う)

이것이 어제 산 잡지예요.
これ　が　昨日　買った　雑誌　です

이것이 어제 산 잡지예요.

焼いた肉をサンチュに包んで食べました。　굽다(焼く)

구운 고기를 상추에 싸서 먹었어요.
焼いた　肉　を　サンチュ　に　包んで　食べました

구운 고기를 상추에 싸서 먹었어요.

私がアップした写真見ましたか？　올리다(アップする)

제가 올린 사진 봤어요?
私　が　上げた　写真　見ましたか

제가 올린 사진 봤어요?

答え ①탄　②읽은　③논　④들은

81

動詞の連体形（未来 ～する）

明日　行く　ところは南大門市場です。

内일 갈 곳은 남대문 시장이에요.

| 明日 | 行く | ところ | は | | 南大門市場 | | です |

基本文型

| 動詞（다の前にパッチムなし） | ＋ | ㄹ | ～する |

| 動詞（다の前にパッチムあり） | ＋ | 을 | ～する |

使い方　未来の行動として動詞で名詞を修飾するときの表現です。「내일 明日」、「나중에 あとで」、「다음에 今度」など、未来を表す単語と一緒に使うことが多いです。動詞の「다」の前の文字にパッチムがあるかないかで使い分けをするほか、例外もあります。

● 가다（行く）など、「다」の前の文字にパッチムがない場合は「다」を取り「ㄹ」をパッチムとして付ける
● 찾다（探す）など、「다」の前の文字にパッチムがある場合は「을」を付ける
● 만들다（作る）など、「다」の前の文字のパッチムが「ㄹ」の場合は「다」を取る（만들）
● 묻다（問う）など、「다」の前の文字のパッチムが「ㄷ」の場合は「다」を取って「ㄷ」を「ㄹ」に変えて「을」を付ける（물을）
● 줍다（拾う）など、「다」の前の文字のパッチムが「ㅂ」の場合は「다」と「ㅂ」を取り「울」を付ける（주울）

→ 単語を入れかえてみよう！

● 動詞の「다」の前の文字にパッチムがない場合
見る　　　　見る映画
보다 ➡ 볼 영화
見る　　　見る　　映画

● 動詞の「다」の前の文字にパッチムがある場合
食べる　　　食べる料理
먹다 ➡ 먹을 요리
食べる　　食べる　　料理

● パッチムがある場合の例外3パターン

住む　　　　住む町
살다 ➡ 살 동네
住む　　　住む　　町

聞く　　　　聞く歌
듣다 ➡ 들을 노래
聞く　　　聞く　　歌

手伝う　　　手伝うこと
돕다 ➡ 도울 일
手伝う　　手伝う　こと

問題 次の動詞を連体形(未来 〜する)に変えましょう。

ヒント▶「다」の前のパッチムあり・なしに注意しましょう。例外に注意！

① 들르다 ➡（　　　　　　）곳
トゥ ル ダ　　　　　　寄る　　　　　　寄る　　　ところ

② 팔다➡（　　　　　　）물건
パ ダ　　　　　　売る　　　　売る　　　もの

③ 굽다➡（　　　　　　）고기
ク p タ　　　　　　焼く　　　　焼く　　　肉

④ 묵다➡（　　　　　　）호텔
ム k タ　　　　　　泊まる　　　泊まる　　　ホテル

◆ **練習** 実際に書いて練習しましょう。

パーティーのときに作る料理を検索しました。　만들다(作る)

파티 때 만들 요리를 검색했어요.

パ ティ　ッテ　マンドゥr　リョリrr　コm セ ケッ ソ ヨ
パーティー　とき　作る　料理　を　　検索しました

파티 때 만들 요리를 검색했어요.

聞く曲をプレイリストに入れました。　듣다(聞く)

들을 노래를 플레이리스트에 넣었어요.

トゥ ルr　ロ レ ルr　プ レ イ リ ス トゥ エ　ノ オッ ソ ヨ
聞く　曲　を　　プレイリスト　に　入れました

들을 노래를 플레이리스트에 넣었어요.

サイン会で言うことを考えます。　하다(する)

사인회에서 할 말을 생각해요.

サ イ ヌェ エ ソ　ハr　マ ルr　セン ガ ケ ヨ
サイン会　で　する　話　を　考えます

사인회에서 할 말을 생각해요.

答え ① 들를 トゥルルr　② 팔 パr　③ 구울 ク ウr　④ 묵을 ム グr

動詞 ＋ くれます

友達が韓国語を 教えて くれます。

친구가 한국어를 가르쳐 줘요.

友達　　が　　　韓国語　　　を　　　　教えて　　　　くれます

基本文型

動詞の요体（요を取って） ＋ 줘요 〜てあげます・くれます

使い方 相手のために何かをしたり、自分のための何かを頼んだりするときなどに用いる表現です。動詞の요体（P.26）の요を取ってから「줘요」を付けます（原形：주다 あげる）。

●하다 する → 해요 します → 해+줘요 → 해 줘요 してあげます・くれます

人のために自分が何かをしたり、誰かが自分のために何かをしたりしてくれたときは「아/어 줬어요 〜てあげました・くれました」と過去形を用います。また、人に自分のための何かを頼むときは「아/어 주세요 〜てください」です。気を付けたいのは日本語でよく使われる「〜てもらう」の表現です。韓国語では相手を主語にして「相手がしてくれる」、つまり「아/어 줘요」になります。「받다 もらう」は使いません。

→ **単語を入れかえてみよう！**

● 「아/어 줘요 〜てあげます・くれます」 の場合

連れて行く　　　彼がコンサートに連れて行ってくれます。

現在形 데려가다 ➡ 그가 콘서트에 데려가 줘요.
　　　　連れていく　　　彼　が　コンサート　に　連れていって　くれます

説明する　　　私が方法を説明してあげました。

過去形 설명하다 ➡ 제가 방법을 설명해 줬어요.
　　　　説明する　　　私　が　方法　を　説明して　あげました

● 「아/어 주세요 〜てください」 の場合

探す　　　私の財布を探してください。

찾다 ➡ 제 지갑을 찾아 주세요.
探す　　　私の　財布　を　探して　ください

84

問題 次の単語を「〜てあげます・くれます」「〜てください」の表現に変えましょう。

ヒント▶まずは動詞を「요体」に変えます。

① 이야기하다 ➡ ( ) ② 부르다 ➡ ( )

話す　　　　　　話してくれます　　　　　　歌う　　　　　　歌ってくれました

③ 가져오다 ➡ ( ) ④ 만들다 ➡ ( )

持ってくる　　　持ってきてください　　　作る　　　　作ってください

🎸 **練習** 実際に書いて練習しましょう。

店員がお肉を焼いてくれます。 굽다(焼く)

점원이 고기를 구워 줘요.

店員　　が　　お肉　　を　　焼いて　　　くれます

점원이 고기를 구워 줘요.

得意料理を作ってあげました。 만들다(作る)

자신 있는 요리를 만들어 줬어요.

自信ある　　　料理　　を　　　作って　　　あげました

자신 있는 요리를 만들어 줬어요.

最近好きな歌があったら歌ってください。 부르다(歌う)

요즘 좋아하는 노래가 있으면 불러 주세요.

最近　　好きな　　　歌　　が　　あったら　　歌って　　ください

요즘 좋아하는 노래가 있으면 불러 주세요.

答え ① 이야기해 줘요　② 불러 줬어요　③ 가져와 주세요　④ 만들어 주세요

形容詞 + けれど

ステージから 遠い けれど 楽しみです。

무대에서 멀지만 기대됩니다.
（ムデエソ モルジマン キデドゥェmニダ）

ステージ　　　から　　　遠い　けれど　　　　楽しみです

基本文型

動詞・形容詞	+ 지만	〜が、けれど
名詞（パッチムなし）	+ 지만	〜だが、だけれど
名詞（パッチムあり）	+ 이지만	〜だが、だけれど

使い方　前の文と後ろの文が反対の関係であったり、前の節に対して後ろの節が意外だったとき など、逆接を表す表現です。動詞・形容詞の場合はパッチムの有無に関係なく「다」を取っ て「지만」を付けます。過去形も「어요」を取って「지만」を付けます。

● 멀다 遠い → 멀＋지만 → 멀지만 遠いけれど
● 했어요 しました → 했＋지만 → 했지만 しましたが

名詞の場合、最後の文字にパッチムがあるかないかで使い分けします。

● 숙제（宿題）など、最後の文字にパッチムがない場合は「지만」を付ける
● 수업（授業）など、最後の文字にパッチムがある場合は「이지만」を付ける

→ **単語を入れかえてみよう！**

●動詞・形容詞の場合

寒い　　　　　寒いけれど出かけます。
춥다 ➡ **춥지만 외출해요.**
寒い　　　　寒いけれど　　　出かけます

見ました　　　見ましたが面白くなかったです。
봤어요 ➡ **봤지만 재미없었어요.**
見ました　　　見ましたが　　　面白くなかったです

●名詞で最後の文字にパッチムがない場合

ドラマだけれどあり得ないです。
드라마지만 말이 안 돼요.
ドラマ　　　だけれど　　　あり得ないです

●名詞で最後の文字にパッチムがある場合

食堂だけれど料理教室もあります。
식당이지만 요리 교실도 있어요.
食堂　　だけれど　　　料理教室　も　　あります

問題 次の単語を「〜が、けれど」の形に変えましょう。

ヒント▶名詞の場合は最後の文字のパッチムのあり・なしに注意しましょう。

① 인형➡（ 　　　　　　　 ）
イ ニョン
人形　　　　　　人形だけれど

② 듣다➡（ 　　　　　　　 ）
トゥッ タ
聞く　　　　　　聞くけれど

③ 깨끗하다➡（ 　　　　　　　 ）
ッケックッ タ ダ
きれいだ　　　　　きれいだけれど

④ 인기➡（ 　　　　　　　 ）
イン キ
人気　　　　　　人気だけれど

🎸 **練習** 実際に書いて練習しましょう。

お酒を飲んだけれど酔っていません。 마시다(飲む)
マ シ ダ

술을 마셨지만 안 취했어요.
スルₗ マ ショッ チ マン ア ン チュイ ヘッ ソ ヨ
お酒　を　　飲んだけれど　　　酔っていません

술을 마셨지만 안 취했어요.

格好いいけれど私のタイプではありません。 멋있다(格好いい)
モ シッ タ

멋있지만 제 스타일은 아니에요.
モ シッ チ マン　チェ　ス タ イ ル ン　ナ ニ エ ヨ
格好いいけれど　私の　　スタイル　　ではありません

멋있지만 제 스타일은 아니에요.

誕生日だけれどパーティはしません。

생일이지만 파티는 안 해요.
セ ン イ リ ジ マン　パ ティ ヌン　ア ネ ヨ
誕生日　だけれど　パーティ　は　　しません

생일이지만 파티는 안 해요.

答え ① 인형이지만 ② 듣지만 ③ 깨끗하지만 ④ 인기지만
イ ニョン イ ジ マン　　トゥッ チ マン　　ッケックッ タ ジ マン　　イン キ ジ マン

動詞 **+** てみました

仁寺洞に 行っ てみましたか ？

인사동에 가 봤어요?

| 仁寺洞 | に | 行って | みましたか |

基本文型

動詞の요体(요を取って) **+** ブァッソ ヨ **봤어요** ～てみました

使い方

「～てみる」という経験を意味する表現です。まず、動詞を요体 (p.26) にして「요」を取ってから「보다 見る」を付けます。経験したことは「봤어요 ～してみました」、経験するつもりでいることは「볼 거예요 ～してみるつもりです」、経験を勧めるときは「보세요 ～してみてください」というように、「보다」を活用させて付けます。

● 「타다 乗る → 타요 乗ります」の例
→ 타 봐요 乗ってみます
→ 타 봤어요 乗ってみました
→ 타 볼 거예요 乗ってみるつもりです
→ 타 보세요 乗ってみてください

↱ **単語を入れかえてみよう！**

● 「먹다 食べる → 먹어요 食べます」の例

➡ 신상품을 먹어 봐요.
| 新商品 | を | 食べて | みます |

➡ 신상품을 먹어 봤어요.
| 新商品 | を | 食べて | みました |

➡ 신상품을 먹어 볼 거예요.
| 新商品 | を | 食べて | みるつもりです |

➡ 신상품을 먹어 보세요.
| 新商品 | を | 食べて | みてください |

● 「마시다 飲む → 마셔요 飲みます」の例

➡ 막걸리를 마셔 봐요.
| マッコリ | を | 飲んで | みます |

➡ 막걸리를 마셔 봤어요.
| マッコリ | を | 飲んで | みました |

➡ 막걸리를 마셔 볼 거예요.
| マッコリ | を | 飲んで | みるつもりです |

➡ 막걸리를 마셔 보세요.
| マッコリ | を | 飲んで | みてください |

問題 次の動詞を「～てみる」のいろいろな形に変えましょう。

ヒント▶まず動詞を「요体」に変えましょう。

① 쓰다 ➡ (ッスダ)
使う　　　　　　　使ってみます

② 듣다 ➡ (トゥッタ)
聞く　　　　　　　聞いてみました

③ 시키다 ➡ (シキダ)
注文する　　　注文してみるつもりです

④ 만들다 ➡ (マンドゥrダ)
作る　　　　　　作ってみてください

➡ **練習** 実際に書いて練習しましょう。

韓国に行ったら韓服を着てみるつもりです。 입다(着る) イpタ

한국에 가면 한복을 입어 볼 거예요.
韓国　　に　　行ったら　　韓服　　を　　　　着てみるつもりです

한국에 가면 한복을 입어 볼 거예요.

初めてタッカルビを食べてみました。 먹다(食べる) モkタ

처음으로 닭갈비를 먹어 봤어요.
　　初めて　　　タッカルビ　　を　　　食べてみました

처음으로 닭갈비를 먹어 봤어요.

日本に来たら温泉に行ってみてください。 가다(行く) カダ

일본에 오면 온천에 가 보세요.
　日本　　に　　来たら　　温泉　　に　　行ってみてください

일본에 오면 온천에 가 보세요.

答え ① 써 봐요 ッソ ブァ ヨ　② 들어 봤어요 トゥロ ブァッソ ヨ　③ 시켜 볼 거예요 シキョ ボr コ エ ヨ　④ 만들어 보세요 マンドゥロ ボ セ ヨ

動詞 **+** から

雨が 降っている から タクシーに 乗りましょうか?

비가 오니까 택시를 탈까요?
ピ ガ　オ ニッカ　テ k シ ル r　タッカ ヨ
雨　が　　降るから　　タクシー　に　　乗りましょうか

基 本 文 型
動詞・形容詞(다の前にパッチムなし)・名詞(パッチムなし) ＋ **니까** 〜から
動詞・形容詞(다の前にパッチムあり) ＋ **으니까** 〜から
名詞(パッチムあり) ＋ **이니까** 〜だから

使い方 前の節が後ろの節の理由になるときに使う順接の表現です。「아/어서 〜から、ので」(P.68)は理由を単純に説明する表現で、この「(으)니까」はもう少し強く自分の意見を反映した理由を説明する表現です。パッチムの有無などで使い分けるほか、例外もあります。

- 오다(降る)など、「다」の前の文字にパッチムがない場合は「다」を取り、「니까」を付ける
- 작다(小さい)など、「다」の前の文字にパッチムがある場合は「다」を取り、「으니까」を付ける
- 비(雨)など、名詞の最後の文字にパッチムがない場合は「니까」を付ける
- 한국(韓国)など、名詞の最後の文字にパッチムがある場合は「이니까」を付ける

動詞・形容詞の場合はパッチムの種類によっては例外があります。

- 만들다(作る)など、「다」の前のパッチムが「ㄹ」なら「다」と「ㄹ」を取り、「니까」を付ける
- 묻다(問う)など、「다」の前のパッチムが「ㄷ」なら「다」を取り「ㄷ」を「ㄹ」に変え「으니까」を付ける
- 돕다(手伝う)など、「다」の前のパッチムが「ㅂ」なら「다」と「ㅂ」を取り、「우니까」を付ける

→ **単語を入れかえてみよう！**

●動詞・形容詞の「다」の前の文字、名詞の最後の文字にパッチムがない場合

見る	見るから		人気	人気だから
ボ ダ	ボ ニッカ		インキ	インキ ニッカ
보다 ➡	**보니까**		**인기** ➡	**인기니까**
見る	見るから		人気	人気だから

●動詞・形容詞の「다」の前の文字にパッチムがある場合　　　●名詞の最後の文字がパッチムで終わる場合

広い	広いから		大人	大人だから
ノ タ	ノ ブ ニッカ		オ ルン	オ ル ニッカ
넓다 ➡	**넓으니까**		**어른** ➡	**어른이니까**
広い	広いから		大人	大人だから

問題 次の単語を理由を説明する「(으)니까」に変えましょう。

ヒント▶前に付く単語のパッチムあり・なしに注意しましょう。例外もあります。

① 가볍다➡(　　　　　　　　　)　　② 가을➡(　　　　　　　　　　　)
　　軽い　　　　　　軽いから　　　　　　　　　秋　　　　　　　秋だから

③ 불다➡(　　　　　　　　　)　④ 어울리다➡(　　　　　　　　　　　)
　　吹く　　　　　吹くから　　　　　　　似合う　　　　　　似合うから

🔑 **練習** 実際に書いて練習しましょう。

入場券があるから入れます。 있다(ある)

입장권이 있으니까 들어갈 수 있어요.
　　入場券　　が　　　あるから　　　　　入ることができます

입장권이 있으니까 들어갈 수 있어요.

暗いから電気をつけましょうか？ 어둡다(暗い)

어두우니까 불을 켤까요?
　　　　暗いから　　　電気　を　つけましょうか

어두우니까 불을 켤까요?

本当においしいから食べてみてください。 맛있다(おいしい)

진짜 맛있으니까 먹어 보세요.
　　本当に　　　おいしいから　　　食べてみてください

진짜 맛있으니까 먹어 보세요.

答え ① 가벼우니까　② 가을이니까　③ 부니까　④ 어울리니까

動詞+ 　　てもいいです

インスタグラム、フォロー し てもいいですか ？

인스타그램 팔로우 해도 돼요?
インスタグラム　　フォロー　　してもいいですか

基本文型

動詞の요体（요を取って） ＋ 도 돼요 〜てもいいです

💭 **使い方**

相手に対し許可を求めるときの表現です。動詞を요体（P.26）にして요を取ってから「도 돼요」を付けます。相手に対し、許可をするときには「？」を取り、平叙文にします。

● 하다(する) → 해요 → 해+도 돼요 → 해도 돼요(してもいいです)

また、요体より丁寧さを表現するために니다体にしたいときは語尾を「도 됩니다」、疑問文は「도 됩니까？」にします。

● 하다(する)の場合、平叙文は「해도 됩니다 してもいいです」、疑問文は「해도 됩니까？ してもいいですか？」となる。

→ **単語を入れかえてみよう！**

●平叙文の場合

食べる　　　食べてもいいです。

먹다 ➡ **먹어도 돼요**.
食べる　　　食べてもいいです

●疑問文の場合

入る　　　　　入ってもいいですか？

들어가다 ➡ **들어가도 돼요**？
入る　　　　　入ってもいいですか

文法＋α プラスアルファ

「〜してはいけない」と禁止、制限する表現は「(으)면 안 돼요」です。動詞の「다」の前の文字にパッチムがあるかないかで使い分けます。

「다」の前の文字にパッチムがない動詞の例：들어가다 入る→들어가면 안 돼요 入ってはいけません

「다」の前の文字にパッチムがある動詞の例：먹다 食べる→먹으면 안 돼요 食べてはいけません

問題 次の動詞を「〜てもいいです」の形に変えましょう。

ヒント▶動詞をまず「요体」にしましょう。

① 쓰다 **➡**(   )
　　 ッス ダ
　　 書く　　　　書いてもいいです

② 주다 **➡**(   )
　　 チュ ダ
　　 あげる　　　　あげてもいいです

③ 쉬다 **➡**(   )
　　 スィ ダ
　　 休む　　　　休んでもいいです

④ 만들다 **➡**(   )
　　 マンドゥr ダ
　　 作る　　　　作ってもいいです

●◆ **練習** 実際に書いて練習しましょう。

休憩時間には電話してもいいです。 전화하다(電話する)
　　　　　　　　　　　　　　チョヌァ ハ ダ

휴식 시간에는 전화해도 돼요.
ヒュ シ k　シ ガ ネ ヌン　チョ ヌァ ヘ ド　ドゥェ ヨ
休憩　　時間　　には　　　電話してもいいです

휴식 시간에는 전화해도 돼요.

1つ聞いてもいいですか？ 물어보다(聞く)
　　　　　　　　　　　ム ロ ボ ダ

하나 물어봐도 돼요?
ハ ナ　ム ロ ブァ ド　ドゥェ ヨ
1つ　　　聞いてもいいですか

하나 물어봐도 돼요?

もう携帯電話に電源を入れてもいいです。 켜다(つける)
　　　　　　　　　　　　　　　　　キョ ダ

이제 휴대폰을 켜도 돼요.
イ ジェ　ヒュ デ ポ ヌr　キョ ド　ドゥェ ヨ
もう　　携帯電話　　を　　つけてもいいです

이제 휴대폰을 켜도 돼요.

答え ① 써도 돼요　② 줘도 돼요　③ 쉬어도 돼요　④ 만들어도 돼요
　　　　 ッソ ド ドゥェ ヨ　　 チュオ ド ドゥェ ヨ　　 スィ オ ド ドゥェ ヨ　　 マンドゥロ ド ドゥェ ヨ

(1) 次の動詞を現在、過去、未来の連体形にして（　　　）に書きましょう。

① 지금 (　　　) 편지 今書いている手紙　쓰다 書く
어제 (　　　) 편지 昨日書いた手紙
내일 (　　　) 편지 明日書く手紙

② 지금 (　　　) 것 今食べているもの　먹다 食べる
어제 (　　　) 것 昨日食べたもの
내일 (　　　) 것 明日食べるもの

③ 지금 (　　　) 요리 今作っている料理　만들다 作る
어제 (　　　) 요리 昨日作った料理
내일 (　　　) 요리 明日作る料理

④ 지금 (　　　) 음악 今聞いている音楽　듣다 聞く
어제 (　　　) 음악 昨日聞いた音楽
내일 (　　　) 음악 明日聞く音楽

(2) 日本語訳に合わせて「아/어 줘요」「아/어 주세요」の形に変えて書きましょう。

① (　　　　　　　　　) 道を教えてくれました　길을 가르치다 道を教える

② (　　　　　　　　　) 窓を開けてあげました　창문을 열다 窓を開ける

③ (　　　　　　　　　) 写真を撮ってください　사진을 찍다 写真を撮る

(3) （　　　）に入る単語を「〜が、けれど」の意味の「지만」に変えて一つの文にしましょう。

① 밖은 (　　　　　　　　　) 집안은 따뜻해요.　춥다 寒い
外は寒いけど家の中は暖かいです。

② 친구는 (　　　　　　　　) 애인은 없어요.　많다 多い
友達は多いけど恋人はいません。

③ 약을 (　　　　　　　　　) 감기가 안 나아요.　먹었다 食べた、飲んだ
薬を飲んだけど風邪が治りません。

④ (　　　　　　　　　) 따뜻해요.　겨울 冬
冬だけど暖かいです。

(4) 日本語訳に合わせて「아/어 봐요, 봤어요, 볼 거예요, 보세요」の形に変えましょう。

① 시식을 (　　　　　　　　　　). 하다 する
試食をしてみます。

② 팬미팅에 (　　　　　　　　　　). 가다 行く
ファンミーティングに行ってみました。

③ 신곡을 (　　　　　　　　　　). 듣다 聞く
新曲を聞いてみてください。

④ 한국 요리를 (　　　　　　　　　　). 만들다 作る
韓国料理を作ってみるつもりです。

(5) (　　　　) に入る単語を理由を表す「(으)니까」に変えて一つの文にしましょう。

① 내일부터 (　　　　　　　　) 여행을 갈 거예요. 휴가 休暇
明日から休暇だから旅行に行きます。

② 복습이 (　　　　　　　　) 매일 복습하세요. 중요하다 大事だ
復習が大事だから毎日復習してください。

③ 춤이 (　　　　　　　　) 인기가 있어요. 멋있다 格好いい
ダンスが格好いいから人気があります。

(6) 日本語訳に合わせて「아/어도 돼요?」の形に変えましょう。

① 와이파이를 (　　　　　　　　)? 사용하다 使う
Wi-Fiを使ってもいいですか？

② 친구와 함께 (　　　　　　　　)? 가다 行く
友達と一緒に行ってもいいですか？

③ 도시락을 (　　　　　　　　)? 먹다 食べる
お弁当を食べてもいいですか？

解答 (1) ①쓰는 / 쓴 / 쌀 ②먹는 / 먹은 / 먹을 ③만드는 / 만든 / 만들 ④듣는 / 들은 / 들을→フレーズ34～36／P.78～82 (2) ①길을 가르쳐 줬어요 ②창문을 열어 줬어요 ③사진을 찍어 주세요→フレーズ37／P.84 (3) ①춤지만 ②많지만 ③먹었지만 ④겨울이지만→フレーズ38／P.86 (4) ①해 봐요 ②가 봤어요 ③들어 보세요 ④만들어 볼 거예요→フレーズ39／P.88 (5) ①휴가니까 ②중요하니까 ③멋있으니까→フレーズ40／P.90 (6) ①사용해도 돼요 ②가도 돼요 ③먹어도 돼요→フレーズ41／P.92

95

【著者】柳 志英（リュウ　ジヨン）
韓国東義大学校日語日文学科卒業。正訓日本語学院日本語講師を務めたのち、来日。2012 年よりアイケーブリッジ外語学院 韓国語専属講師。延世大学校韓国語教師研修所第 26 期オンライン韓国語教員養成課程修了。
韓国語学習者に向けたグループレッスン、プライベートレッスンの経験が豊かで、企業や官公庁関連のレッスン等も行う。
・主要著書：『リアルな日常表現が話せる！ 韓国語フレーズブック』（新星出版社）

【校正】南 嘉英（ナム　カヨン）
崇貫大学校工科学部電気工学科卒業。韓国放送通信大学校人文学部日本学科卒業。延世大学校韓国語教師研修所第 38 期修了。アイケーブリッジ外語学院講師を経て、韓国にて韓国語講師の傍ら、翻訳者としても活躍中。
・主要著書：『リアルな日常表現が話せる！ 韓国語フレーズブック』（新星出版社）、『韓国語能力試験 TOPIK』単語集シリーズ（初級、中級、高級）、『使ってみよう！ 韓国語の慣用句・ことわざ・四字熟語』（以上、語研）など

【監修】幡野 泉（はたの　いずみ）
早稲田大学第一文学部卒業。延世大学校韓国語学堂、同韓国語教師研修所 第 20 期研修課程修了。コリアヘラルド新聞社「第 33 回外国人韓国語雄弁大会」にて最優秀賞・文化観光部長官賞、韓国雄弁人協会主催「第 21 回世界韓国語雄弁大会」にて国務総理賞受賞。現在、アイケーブリッジ外語学院代表および「All About 韓国語」ガイド。
・主要著書：『今日から使えるシゴトの韓国語』（アルク）、『シゴトの韓国語基礎編』『シゴトの韓国語応用編』（三修社）、『リアルな日常表現が話せる！ 韓国語フレーズブック』（新星出版社）など
・翻訳書：『無礼な人に NO という 44 のレッスン』（白水社）

【STAFF】
カバーデザイン　白畠かおり
本文デザイン　鷹觜麻衣子
カバーイラスト　林なつこ
本文イラスト　matsu
編集協力　株式会社エディポック
校正　南 嘉英
DTP　株式会社エディポック

書き込み式だからわかりやすい！
いちばんやさしい韓国語文法ノート　初級編

2021 年 3 月 20 日　第 1 刷発行
2024 年 10 月 10 日　第 8 刷発行

監 修　幡野 泉
著 者　柳 志英
発行者　永岡純一
発行所　株式会社永岡書店
　　　　〒 176-8518 東京都練馬区豊玉上 1-7-14
　　　　代表　03（3992）5155
　　　　編集　03（3992）7191
印 刷　アート印刷社
製 本　ヤマナカ製本

ISBN978-4-522-43873-2 C2087